金子仁文集

木の実幼稚園が育むもの

アーツアンドクラフツ

金子仁園長

ツリーハウスの前で

園児たちとひなたぼっこ

近くの沼で遊ぶ

ギターで弾き語り

家族とともに

目次

第二章　森の幼稚園…125

第三部　【連載コラム】子育て・森の幼稚園で

［連載コラム］子育て…162

［連載コラム］森の幼稚園で…225

装丁◉林二朗

金子仁文集

木の実幼稚園が育むもの

第一部

【実践編】木の実幼稚園が育むもの

——折々の言葉

第一章　「遊びの森」ができるまで

1　「遊びの森」で遊ぼうよ

「えんちょ〜、キャンプ場へいこう」「えんちょ〜、ビオトープへいこうよ」「えんちょ〜、秘密基地にいきたい」「えんちょ〜、探検にいこう」。子どもたちは登園すると走ってきて私を遊びに誘ってくれる。子どもにとって遊びってなんだろう。

子どもたちは遊びの中で学ぶことがいっぱいある。子どもは大人から促されて遊びに取り組むのではなくて、自ら「遊びたい」と思うから遊ぶのだ。そこを誤解しないでほしい。よく「子どもを遊ばせる」という言葉を使う大人がいるが、これは大人の監視の元に、大人の指示によって遊ばされている子どもたちに当てはめて言うことだ。子どもたちが自分の意思で「遊びたい」と思って遊ぶのとは意味が違う。自分の意思で「遊びたい」と思って遊ぶ時には責任が付いて回る。遊びの中でいろいろなぶつかり合いや困難なことに遭遇することも多い。自分の意思で「遊びたい」と思ったときには、その困難に自ら立ち向かっていこうとする責任感が子どもたちの内側に育っていくが、大人から指示される遊びに対しては、困難等にぶつかるとすぐに大人に頼り、大人がいなくなると遊びは消滅する。こんな現象は保育者なら何度も経験することだと思う。

ある保育者がクラスの子どもたちを思いっきり遊ばせようと思い、「じゃあ、みんな砂場で遊ぼうか」と声をかけ、楽しく川や山を作って遊ばせていたそうだ。時間が来たので「もうそろそろ時間だからおしまいにしようか」というと、A子が「じゃあ、せんせい、もうあそんでいい？」と聞いてきたという。子どもの思いと保育者の思いが一致しなかった例だ。幼稚園では、子どもたちが困っているときのために教師が補助をするように心がけているが、子どもたちはできる限り自分で頑張ろうとする姿を見せてくれる。大人の手を払いのけ、「いいよ、自分でやるから」という子どもの言葉は意欲の表れであり、自分の責任においてやり遂げようという子どもの意思なのだ。子どもたちはその中で我慢すること、協力すること、工夫することなどを学んでいく。

自然の中での遊びはまた一味違う。森の中に入ると子どもたちにとって宝物がたくさんある。地面に落ちている色とりどりの葉っぱ、枯れた木の枝、虫の死骸、腐った木の根っこ、松の幹から出ているヤニ、水場にいる沢蟹、きれいな色をしたキノコ（毒キノコ）、せみの抜け殻、きれいな小さい花、どんぐりや栗やエゴなどの木の実、篠藪《しのやぶ》の太い篠、野うさぎのウンチ、大きな霜柱、小川にあるネバネバの土、蛇のように木に巻き行いている藤やアケビの蔓、小さな石っころ、真っ赤なカラスウリ、時々見つけることができる怠け者のようなナナフシ、雨戸の裏側にいるたくさんのカマドウマ、これらみんな子どもたちにとっては大切な宝物。子どもたちはこれらのものも遊びに変えてしまう、遊びの天才だ。この森には想像力、創造力、感性が育つための大切な遊びの要素がたくさん潜んでいる。

「遊びの森」キャンプ場

木の実幼稚園を語るとき、まず「遊びの森」キャンプ場のことを説明しなければならない。「遊びの森」は子どもたちにとってはすばらしいフィールドであり、子どもたちが学習するための要素がたくさんあることの遊びの森を、野外研修施設と位置づけ活用している。園から歩いて一五分程度の雑木林の森だ。なるべく自然の状態を残すため、地面が平らで木の少ない場所を選び二×六メートルの枠組工法で山小屋を作ってキッズキャビンと名づけた。

「遊びの森」のキッズキャビンで

面白い場所ができると面白い人たちが集まってくる、というのは自然の法則らしく、地域のいろいろなジャンルの職業を持った人たちが遊びの森に集まってきた。そのうちの一人、ジャガイモ天国の五十嵐さんは不登校の子どもたちや社会に適応できない人たちを集め共同生活をしている人だ。五十嵐さんはいろいろな人脈や情報を持っている人で、遊びの森プレイフォレストのきっかけとなる情報を持ち込んでくれた。さらにいろいろな人たちが集まり、「子どもの遊びを考える会」が設立された。中学校の先生やフリーのログビルダー、商店の経営者やサラリーマンなど職種は様々だが、毎月第四土曜日の夜に定例会を持ち（定例会といっても焚き火を囲んでほとんど飲み会）、さまざまな話し合いが行なわれ、「今の子どもたちのあそびが変だよね」とか「テレビやゲーム漬けになっているよね」「元気がないよね」など、アルコールも手伝って勝手なことをしゃべり始める。その結果として、より多くの子どもたちに自然の中での遊びを提供しようと、春と秋に遊びの森一帯を使ったイベントの『探検ハイク』と、『森のワークショップ』が計画されるようになり、現在も続いている。

「遊びの森」の力

先日「遊びの森」で探検ハイクというイベントを行った。家族連れなどの参加者が二五〇名ほど集まり、春の一日を楽しんだ。冒険的なゲーム遊びをたくさん取り入れ、子どもから大人までが普段体験できないことに挑戦した。棚田をのんびり歩き俳句を詠んだ後、森の中に入り草笛を吹いたり、高い木から藁の上に飛び降りるストロージャンプで遊んだり、七メートルほどの高さまで滑車で引っ張り上げ、木の上に置いてあるものを見たり、篠を切って弓と矢を作り的をめがけて撃つなど、森の中でいろいろな遊びを体験した。

原っぱでは自分たちで採った山菜や野の草花などをその場で天ぷらに揚げ、春の味覚を楽しんだ。なかでもタンポポの花の天ぷらは癖がなく人気があった。ヨモギは癖のある香りが強いが、天ぷらにすると絶品である。なかには知らずに毒草を持ってくる人もいた。普段何気なく見過ごしている身近な草花について学ぶことができた。家庭では野菜などは洗って料理するが、ここでは摘み取った草を洗わず、そのまま天ぷらに揚げる。しかし、気にする人は誰もいない。普段野菜をあまり食べない子どもも、タンポポやヨモギ、セリや山うどの葉っぱなどをむしゃむしゃ食べていた。自然の力は偉大である。

あるお母さんがこんなことを言っていた。

「家ではいつも私が手を出してやってしまうので子どもは自分から動こうとしないけど、ここへ来たらぜんぜん違います。自分からどんどん動いて遊んでいるんですね。驚きました」

「他のお母さんを見ていたら子どもがやろうとしているのに手を出していた。あれが私の姿だったのかなと反省させられました」

子どもは本来自分でやってみようという意欲を持っている。周囲の大人がそれを先取りしすぎると、子どもたちは「ああ、大人が全部やってくれるんだ。楽だな～」と思ってしまう。自分でやってみようという意欲が段々と奪われてしまう。

水場で遊ぶ子どもたち

学校五日制がスタートし、土日のすごし方が問題になった。地域の育成会などでは、子どもをどうやって遊ばせるか問題になっているようだ。子どもをどうやって遊ばせるか、どうしたら楽しませるか大人の観点から進めていくと子どもたちの遊びの意欲を奪ってしまう。子どもは大人の言いなりになる玩具《おもちゃ》ではない。子どもは自らが考え、遊ぼうとする力を持っている。われわれ大人はその力を認め信じる必要がある。

遊びの森はそんなことができる場所だと思っている。

「遊びの森」ができた理由

平成三（一九九一）年五月、まだ私が園長になる前のこと。当時は子どもたちの間ではサッカー遊びが盛んで、毎日のように前庭のグラウンドでサッカーをしていた。その日も子どもたちとサッカーをしていると、ボールが柵の外へ転がり落ちてしまった。「わー大変だ。ボールを捜さなくっちゃ」ということで柵を越えて崖を降りるとそこは鬱蒼とした篠藪。篠藪をかき分けながら進んでいくと、「なんだか探検みたい」と子どもからの一言。その日から探検ごっこが始まった。大好きだったサッカーをやめて探検ごっこに夢中になる。次の日も子どもたちが登園するなり、「今日も探検行こう」と元気にやってくる。今度はグラウンドのすぐ横を流れる山伏川沿いに登り始める。何人か川に落ちてしまいびっしょりになってしまったので、次からはサンダルを持ってこようと話し合い、サンダルで川登りを始める。現在はコンクリートで固められてしまいつまらない川になったが、当時は岩や木があり、スリル満点の探検コースだった。「もっと遠くへ行きたい」という子どもたちの声で幼稚園から、段々と山の中へ移動していった。わざと密集した篠藪や崖のある場所を通っていくが、それが子どもたちにとってはすごく面白いらしい。

子どもたちの先頭は隊長と呼ばれる年長児の男の子。一番後ろは副隊長でやはり年長児。その間に年中児や年少児が入って隊列を組んで探検に出発する。子どもたちは、我先に先頭になろうとして時には喧嘩になるときもあったが、「先頭も大切だけど一番後ろは困った人たちや怪我をする人たちがいる時に助ける役目なので、一番大切な役目なんだよ」というと、「僕が一番後ろになる」と何人かの年長児たち。途中、倒木を乗り越えたり篠藪をかき分けたりして進んでいくと、年少児は「疲れた」といって泣きだしたり、「怖いよ」

といって泣き出す。探検に行く前に「一度探検に出たらすぐには戻れないからね。泣かないで頑張っていける人だけが探検に行こう」と少し脅しを入れるが、やはり年少児には厳しいらしく途中で泣いてしまう。

泣いた子も翌日の探検にはまた参加する。日ごとに距離が伸び、いつの間にか私が子どものころよく遊びにきた森の中（園から歩いて直行すれば一五分程度だが、回り道や道草をしながらいくので三〇分以上はかかる）に行き着いた。背丈以上の篠藪をかき分けて進んでいくと、きれいな沢水が流れ、その周りにきれいなリュウキンカの花（尾瀬では有名だが、この辺ではこの森にしか見られない花）がびっしりと咲いている、とても気持ちのいい場所に着いた。「ここは面白い」と毎日のように探検に来たが、時間がかかるので長い間遊んでいるわけにはいかない。そのうち「ここに遊びの基地があればもっとゆっくり遊べる」と考えるようになり、ついに思い切って借金をして森に小屋を建てることになった。じつはこの森は私の名義になっていたので簡単にできるかなと思っていたが、書類作成などいくつか問題点もあり、役所に行ったりきたり繰り返し、何とか問題を乗り越えて実現に至った。幼稚園で土地を借りるという形をとり、法的な手続きを済ませ、その年の八月にはキッズキャビンが完成して「遊びの森」の土台ができた。

お金をかけずに楽しい子育て

子どもの日に因んで総務省がまとめた統計によると、四月一日現在（二〇〇四年）、一五歳未満の子どもの数は前年度より約二〇万人少ない一七八一万人で、二三年連続の減少となったそうである。総人口に占める割合も一三・九％と主要七ヵ国のなかでもっとも低い水準だった。年齢別に見ると、一二〜一四歳の三六七万人に対して〇～二歳児が最も少なく約三四四万人だそうである。今後ますます少子化が進み日本の人口そのものが減っていく傾向になることは十分予想される。今、子どもを一人前？　に育てるまで約一〇〇〇万円のお金がかかるといわれている。そんなことも少子化に歯止めがかからない原因の一つかもしれない。

いま平均的な家庭の子どもの人数は一人～二人。多くて三人程度だろうか。子どもを遊びに連れていくだけでもお金がかかる。ましてや塾や習いごとなどお金のかかる要因はたくさんある。だから子どもは少なく、とでも言うのだろうか。

最近気になることが子どものペット化である。幼い子どもに化粧をさせたり、携帯電話を安易に持たせたり、その反面子どもの自主行動を認めようとせず、ちょっとしたことで「危ない」「汚い」「だめ」と管理的になり、否定の言葉も多いように感じる。大人の思うように子どもをコントロールしようとする。このことは子どもたちの自主性、意欲を奪うことになる。

「遊びの森」で、いろいろなことに挑戦

「遊びの森」では「自分の責任において遊ぶ」ということが大切な約束。子どもたちは親から離れ自分で考えて工夫しながら遊ぼうと努力する。親たちもその姿を見守る。お金をかけなくても遊ぶ場所、学べる場所はたくさんあるということを知ってほしい。

ここは「遊びの森キャンプ場プレイフォレスト」。子どもたちのための遊び場。自分たちで考え自由にいろいろなことに挑戦しながら遊んでいいところだけど、「ケガをした時は自分の責任で」ということがこの森で遊ぶ条件だ。そうしないと、あれをしてはいけない。これをしてはいけないと禁止事項が多くなり、自由に遊べなくなってしまう。自然の中で思いっきり遊んでもらうために二つの約束を作った。

「遊びの森」のテント小屋

①危険物持ち込み禁止

「遊びの森」での危険物はコンピューターゲームやたまごっち等です。ここでは皆さんに実体験をとおして自然の不思議さ驚きに触れてもらいたいと思っています。バーチャル（仮想）な世界の中で生活していると、命の大切さになかなか気づきません。

②自然にインパクトを与えない

この森はこの地域に残された貴重な里山です。沢がにや昆虫などを捕ったりして遊ぶのはかまいませんが、家に持ち帰らないで必ずいたところに戻しましょう。植物を根ごととることは、生態系を守ることにはなりません。以上のことを守りながら思いっきり自由に遊びましょう。

というものであった。「遊びの森キャンプ場プレイフォレスト」も、全国に散らばっている冒険遊び場のひとつだが、ここ「遊びの森」には貴重な自然が多く残されている。遊びに来る子どもたちや親に環境問題に関心を持ってもらいたいし、命の存在に気づいてほしいという願いを持っている。この森にはそんな要素がたくさんある。だからあえてコンピューターゲームやたまごっちなどのバーチャルなものをこの森の危険物と指定したのである。

時々、一般の団体などがキャンプ場を貸してくれといって使用することがあるが、そこでゲームなどを持ってきて没頭している子どもたちを見かけることがある。「ゲームはこの森では使わないんだよ。いっぱい遊ぶ場所があるから、元気に遊んでおいで」とせきたてる。子どもはけげんそうな顔で仕方なくゲームをしまうが、再び遊びにくることはない。今、子どもたちの間で遊びの定番といえばリアルな画面の中で次々と課題をクリアーしていくコンピューターゲームだろう。これには大きな落とし穴がある。ゲームに飽きてしまえばスイッチをきればいいし、リセットすればいい。しかし実際の遊びはそうは行かない。ゲームの世界は子どもたちの心に大きな影響を与え始めているといっても過言ではない。私は画像の世界（空想）ではなく実際に触れて、見て、感じる実体験という経験の大切さを強く主張したい。


（二〇一七年三月）

2　危険な遊びのすすめ

「遊びの森」は、大人にとって危険な遊び場と感じる所かもしれない。深い谷を渡るターザンや三本のロープで作られた橋モンキーブリッジ、高い木の幹に設置された巨大なハンモック。どれも落ちれば大怪我は間違いない。

ちょっと奥へ入ると、背丈以上の篠藪ジャングル。その中に入ると心ならずも知らない人が山芋（自然薯）を掘った後の穴だらけ。そもそも冒険遊び場は危険なことがいっぱいだから楽しい。大きな怪我はあまりないが、小さな擦り傷や切り傷などは日常茶飯事だ。しかし、危険だからと、あれもこれも「だめ」では子どもたちの「自分で考えて遊ぼうとする意欲」が育ちにくくなる。子どもたちの危ない遊びにもハラハラドキドキしながら見守ってあげる目がほしいと思う。

ハザードとリスク　～あぶない　あぶない　子どもの遊び～

英語では「危険」という言葉に二種類の意味がある。ひとつはリスク（risk）。これは自分さえ気をつければ回避できる危険という意味だ。たとえば子どもがターザンをする時ロープから手を離さなければ絶対に落ちることはないが、ふざけて手を離すと落ちて怪我をしてしまう。ツリーハウスなど高いところに登ってふざけると落ちてしまうかもしれないが、緊張して手すりにつかまり、ふざけたりしなければ決して落ちることはなく、危険度は低い。それが自分の責任において気をつければ回避することができる危険だ。

もうひとつの危険はハザード（hazard）。ハザードの危険は、自分でいくら気をつけても回避することのできない危険の意味だ。ターザンロープで遊んでいるときに突然ロープが切れてしまうとか、立ち枯れした大木が風にあおられ倒れてきたとか、突然の落石とか、土砂崩れなど自分がいくら気をつけても回避できない危険の意味である。金属疲労や老朽化による遊具や建物の倒壊や自然災害もハザードに含まれる。

私は子どもたちの遊びに少なくともリスクの危険は必要だと思うし、積極的に取り入れていきたいと思っている。しかし、ハザードの危険は子どもたちの遊びから確実に取り除いていかなければならない。ロープが切れそうだったら事前の点検で新しいものと取り換えるとか、枯れ木は早めに切り倒して除去しておくとか、がけ崩れや落石の起きそうな危険箇所をきちんと把握し子どもたちを近づけない、などの処置が必要になる。遊具や道具の金属疲労や老朽化なども定期的に点検することでハザードの危険を回避できるだろう。ではなぜリスクの危険は子どもたちの遊びに必要なのか。今、学校や幼稚園・保育園では安全教育という言葉が叫ばれているが、子どもたちにどんな「安全」を与えていったらいいのだろう。

安全教育って何だろうか。公園に行くと、「危ないから木登りはやめましょう」「危険だから焚き火は禁止」などたくさんの制約事項が書かれている。木に登ったら「危ないから降りて」と叱られ、長い棒を持つと「危ないから捨てなさい」と注意を受け、「廊下を走ると危ないから歩きなさい」とか、「そんな高いところ危ないでしょ」などと、子どもたちは「危ないからダメ」と言われ続ける。はたして危ない行為をやらせないことが、安全教育なのだろうか。

木の実幼稚園では砂場で使うスコップは鉄製のものを利用している。はだしでいるとき間違って足の上に落としてしまうと大怪我になる可能性もあるが、使い方さえ気をつければプラスチック製のスコップよりよく穴がほれる。これはリスクの危険だ。保護者の方からこんなお手紙をいただいたので紹介しよう。

――先日の保育参加ではお世話になりました。普段見れない子どもの表情を見ることができ、よかったです。今日はわが子も砂場で楽しそうに遊んでいました。遊びが段々と盛り上がり、シャベルを使って大きな川を作っていました。しかし、そこで感じたのですが、鉄製のスコップは危険ではないでしょうか？

年少の子どもたちが使っているのでもし間違ったら、と考えたらとても怖くなりました。何とか検討できないでしょうか？――

〈私の返事〉　お手紙ありがとうございます。鉄のスコップの件ですが、はだしで遊んでいるときなど、確かに危ないこともあるかもしれません。でも子どもたちが思いっきり遊ぶには、プラスチックのシャベルでは十分に穴を掘ることはできません。それから子どもたちには本物を知ってもらいたいと思っています。本物を知ることによりその使い方、危険性をしっかりと教える必要性を強く感じています。もう一度、先生たちや子どもたちと使い方や危険性についてしっかりと話し合い、安全な使い方を徹底していきたいと思っています。ご理解ください。

ツリーハウスを作ったころは危ないから撤去してくれとか、もっと簡単に登れるように梯子《はしご》をつけてくれとか、もっと低い位置に作ってくれとか、いろいろな保護者の反応があったが、今ではツリーハウスの存在を大いに認めてもらい、自分の子どもがツリーハウスに登れるよう応援している姿をよく見かける。

園庭の木工室にはノコギリやカナヅチがあり、電動の糸ノコギリも子どもたちが自由に使っている。週に一度のクッキングの日には包丁を使い、夏の年長児キャンプではノコギリや鉈を使い、ナイフで自分たちの竹コップや竹皿を作る。

キャンプ場では篠がたくさん採れる。ノコギリを使うと幼児でも弓を作ることができ、ダンボールや発泡スチロールの箱で的を作り、当てて遊ぶ。刺さった時の感覚はなんともいえない。これも危険がいっぱいだ。

子どもたちとの事前の約束は大切だ。人に向けて打つと危ないので人には絶対に向けない、ということを約束させる。

大人によっては、とんでもないと眉をひそめるかもしれない。でも子どもたちはこんな遊びが大好きだ。私はこのような経験を通し、子どもたちが危険な遊びや危険な道具などの使い方をよく知って、上手に使うことや危険に対する身のこなしを覚えていくことから、本当の安全が生まれると思っている。確かに包丁で手を切ったり、カナヅチで指を叩いたり、ノコギリで手を切ったりいろいろな怪我があるが、痛みを知るということも必要な気がする。

木の実幼稚園には木工室があり、年中児になると電動糸ノコギリを使えることになっている。年長になるといろいろなパズルに挑戦し、複雑な線も上手に切れるようになる。機械を使い終わったら必ずスイッチを切ること、糸ノコギリの歯の前に指を出さないようにと事前に注意する。

その日も小さなパズルを作っていた年長児のH男が細かい部分を切っていた時、少し指を切ってしまった。「えんちょう、きっちゃった」と驚いたような顔で叫び、職員室へ行って手当てをしてもらった。もうやめるのかと思っていると、再び戻ってきてやり始めた。

年少児などはまだ集中力が散漫で、釘打ちをしながらよそ見して指を思いっきり叩いてしまうこともある。ひどいときには爪の間から血が流れる時もあり、泣き出すが、ほとんどの子はじっと痛みを堪え、泣くのを我慢する。職員室で手当てしてもらうとまた木工室へ戻り釘を打ち始める。

怪我をしてもまた続きをやり始めるのは、自分がやってみたいという気持ちが強く現れている証拠だ。一度痛い思いをすると、次からは指を打たないように気をつけて釘を打つようになる。子どもたちもしっかり学習している。今までこれらの道具を使っていて大きな怪我は一度もない。

子どもたちは危険な遊びをする時や刃物などの道具を使うときに緊張感を持つ。緊張して物事に取り組むことはとても大切なことだ。そして十分に使いこなせるようになると自信を持ち、その自信が次への遊びの意欲＝やってみたい、へとつながっていく。幼いときに身につけた意欲は、将来への「生きる力」につながる。リスクの危険。これは子どもたちにとって大切な要素だ。ただし勘違いしないでほしいのは、危険な遊具や道具だけを用意して子どもたちにやらせればいいというわけではない。その使い方を保育者が熟知し、使いこなす必要があると思う。遊具にしても定期的な点検が必要になり、必要があれば取り換える。これも大切な安全教育のひとつではないだろうか。リスクの危険。ハザードの危険の違いをよく知っておく必要がある。

ナイフのすすめ

ここ数年前から若者によるナイフを使った事件が続発している。中学生が教師を刺したり、逆に教師が護身用に持っていたナイフで生徒を刺したり、考えられない事件がたくさんあった。そのころからだと思うが護身用にナイフを持つ若者が増え、ナイフによる事件が多くなった。ホームセンターやアウトドア用品店からナイフが姿を消し、子どもにはナイフを使わせてはいけないという風潮になってきた。

木の実幼稚園では刃物を使った遊びを取り入れている。ノコギリや鉈はもちろんのこと、時にはナイフを使うこともある。事件などでもたびたび問題になるナイフだが、じつはこんなに便利で役に立つ道具はないと思っている。

木の実幼稚園の年長児一泊キャンプでは、ナイフをよく使う。グループごとにノコギリをもって、裏山の竹やぶへ行き竹を切り出す。幼稚園の子どもたちが切るのだから時間はかかるが、ノコギリの扱いに慣れた男の子を中心に太い竹を切り倒し、全員で長い竹を担いで園庭に運び、各自のコップとお皿を作る。お互いの協力が必要で竹が動かないように何人かの子が押さえ、一人がノコギリで切る。竹の節と節を残して切り落とし、鉈で縦に割ると二つのお皿が完成する。一人でこの作業をやると怪我をする可能性が大いにあるが、二人一組でやることによりケガを防ぐことができる。あらかじめ子どもたちにこのやり方を説明し、保育者が各グループについて指導する。子どもたちも緊張しながら作業するが、本当に使える世界でたった一つの食器なので、うれしくないわけがない。最後にコップの切り口や、お皿の切り口をナイフで滑らかに削るのが、一番怪我をしやすい過程だ。子どもたちに削り方を教えるが、怖がる子に対しては無理にやらせず、教師がやってやることにしている。自分でやってみたいと挑戦する意欲がある子に対しては、傍で見守るようにしている。今までそれで怪我をした子はいない。

夏休みに卒園生対象のキャンプを毎年実施している。内容はプログラムをなるべく作らず、のんびりできるキャンプ。なおかつ冒険的な活動ができるキャンプを考えている。プログラムを作らないと、子どもたちは「何をやっていいかわからないよ～」となる。普段管理された環境にいると、どうしても指示待ち型になってしまう。最初のころの子どもたちの決まり文句は、「なにすればいいの?」「どうすればいいの?」「あそんでいいの？」「いま、なんじ？」がほとんどだった。家庭や学校で時間に管理されている子どもたちが多く、すぐに時間を聞いてくる子が多い。

そこでスタッフとともに話し合い、スタッフ（以下リーダーと呼ぶ）は子どもたちに、①指示しない。②怒らない。③簡単なことは手伝わない。と三つの内容で子どもたちと関わるようにした。子どもたちが自分で考えながらキャンプ生活ができるようになってもらいたい、との願いがあった。

さらにここ数年取り入れているのが、一日の水の量だ。「遊びの森」には水道がないのでタンクに水を汲んでくる。子どもたちには水を配給制にし、二リットルのペットボトル一本と決めて自分で考えて使うようにした。もし使い切ってしまったら翌日まで水がもらえないのだが、実際にやってみると、子どもたちは自分で計画的に水を使っている。なかには考えずに水をどんどん使ってしまい、後で泣きを見る子もいたが。

自分で考えることを重視したこのキャンプの唯一の必需品はナイフだ。ナイフで生活のすべてを過ごすのだ。子どもたちには、安価で比較的手に入りやすいオルファクラフトナイフLを購入してもらう。これは、クラフトナイフの中でも大変丈夫で切れ味がよく錆びにくい。

このキャンプでは、木の実幼稚園児のキャンプと同じように食器作りから始める。小学生なので幼稚園児よりもう少しレベルアップさせて竹で箸も作る（園児でも箸を作れる子もいるが）。箸はナイフ一本で本物の箸と同じように作ることができる。このキャンプでは包丁は使わない。野菜や肉や魚もナイフ一本でさばく。遊び道具の弓や篠の笛を作るのもナイフを使う。子どもたちにナイフは便利な道具だということを伝えたい。多くの若者や大人たちがナイフの使い方を勘違いしている。ナイフは護身用でも人を傷つけるものでもない。怖いものではなく、生活の中で使うことでとても便利なものになるのだ。

短大（育英短期大学）の保育科で、受け持っている「環境の授業」の中でもナイフを使う。学生にはあらかじめナイフを用意してもらう。一年間を前期、後期に分けて約二五〇人の学生に教えるのだから大変だ。「授業でナイフを使うから用意してください」というと、「え～」と反応が返ってくる。ナイフと聞くと、「怖い」というイメージが強くあるらしい。世間ではナイフで刺されたり、殺されたりという事件が絶えない。学生たちの反応は当然だろう。「ナイフで竹の箸を作るよ」というと「え～、やだ～、こわい～」と返事が返ってくる。数人の子は目を光らせて話を聞いているが、多くの学生は拒否反応を示す。あらかじめ竹とノコギリと鉈を用意するが、一クラス五〇人ほどいるので用意するのは大変だ。前日に太い竹を切り、自動車に積める長さに切り分け、鉈とノコギリを五～六丁かごに入れる。さらに太い竹を三～四本は脇に抱えて教室へ行くのだ。私のトレードマークでもある竹で編んだ背負いかごに鉈やノコギリなどの重い道具を入れ、太い竹を担いで教室へ入ると、必ずどっと笑い声が起きる。それにお構いなく、ノコギリと鉈とナイフの使い方を説明すると、やがて学生たちに緊張が見られてくる。木の実幼稚園でも子どもたちが作ることを話すと、段々とやる気になってくるようだ。道具の使い方の次に、箸の作り方を説明する。そのころには多くの学生が興味を示し、聞き入ってくれるようになる。グループごとに竹を切って、鉈で割るところからはじめる。割り方は、幼稚園で園児に指導しているのと同じように二人一組でやらせ、一人が箸の長さに切った竹の切り口に鉈を当て、もう一人が棒などで上から叩く。

箸を削り始めると面白くなるらしく、「面白い。すごい」といいながらみんな真剣なまなざしになる。出来ばえはそれぞれだが、実際に使える道具を自分の手で作れた満足感を感じるようだ。終わってからの感想は「はじめは怖くて嫌だなと思っていたけど、やっているうちにとても楽しくなってきた。いつの間にか夢中になっている自分に気づいた」と語ってくれる学生もいる。

私が竹を何気なく削っていると、「先生すごーい。どうしてそんなに上手にできるの？」と羨望のまなざしで驚いてくれる。「かっこいい〜」などといわれるとついついその気になって、にやけてしまう自分に気づく。そのほか篠で作る笛、竹で作るカッコウ笛、竹で作るナイフやフォーク、スプーンなど、そして一番最後の授業では竹とんぼを作る。

この授業から学生たちは道具の使い方を覚え、ナイフなど刃物は危険なものではなく、とても便利で楽しい道具だということを理解してくれるのではないだろうか。若い学生たちがみんなこのような経験をしてくれれば、間違ったナイフの使い方はしないのではないのではと勝手に思っている。私はあえて子どもたちにナイフを使わせることをとても必要なことと考えている。

（「園長文庫二〇一三年度版」二〇一三年一二月）

第二章　ようちえんと「遊びの森」

1　里山に囲まれたようちえん

上州赤城山の麓にある農村地帯の小さな幼稚園です。周囲は里山や棚田《たなだ》に囲まれ、のどかな風景が広がります。園庭に大きなイチョウの木があり、その上にはデッキと家があります。子どもたちはツリーハウスと呼んで親しんでいます。このツリーハウスは、誰でも登れるわけではありません。高さ四メートルほどのデッキに上がるのに、一本のロープと縄ばしごで登ります。子どもたちは登りたいという思いで、一生懸命に努力してやっと登れるようになります。工夫しながら腕や足の力をうまく使って、初めて登ることができます。ツリーハウスに登ると園庭全体が見渡せ、とても気持ちが良いです。春にはイチョウの葉が芽生えるようすを目の前で見ることができ、夏は濃い緑の葉に覆われ、隠れ家になります。秋は黄色く色付いた葉がデッキを埋め尽くし、まぶしいくらいです。冬には葉が落ち、下から丸見えになります。強い風が吹けばツリーハウスも揺れ、天気の良い日には設置してあるハンモックでのんびりと寝ることもできます。子どもたちは四季の自然をツリーハウスの上で直に感じることができます。

初めて園を訪れた人に「危険はないですか」とよく尋ねられます。まず安全面を考えた時、誰でも簡単に登れるものではないということが大切です。子どもたちは自分の力で登ることにより、ツリーハウスの上でも気をつけて遊びます。何度も挑戦して、やっと登ることができて自信を持ちます。降りる時は、竹の棒からするすると降りてきます。保育者に手伝ってもらわずに自分の力で登ることにより、自分の力で降りて来ることができるのです。もちろん登れない子どももいます。でも、登ってみたいという気持ちを持った時に何回も挑戦します。すぐに登れる子どももいれば、なかなか登れない子どももいます。それが年少児の時か、年長児の最後になってかは、個人差がありますが、園児たちの登ってみたいという気持ちを大切にしています。

園から徒歩一〇分程度の里山に、野外研修場「遊びの森キャンプ場」があります。地域に残った里山の一部六〇〇〇坪程をキャンプ場兼冒険遊び場としています。この「遊びの森」には、遊びの基地として木造の小屋（キッズキャビン）とインディアンティーピー（円錐形のテント）があります。起伏を利用して谷渡りターザンやモンキーブリッジがあり、木の上にツリーデッキ、巨大ハンモック、木の枝のブランコなどがあります。大人から見ると危険と思われるロープの遊具もありますが、子どもたちは大好きで、年少児でも挑戦します。高さが四メートルほどある谷を越えるターザンやモンキーブリッジは、勇気が必要です。やりたい、でも恐い、と迷いながら思いきって挑戦した時に自信を持ち、次から何回も繰り返します。その他、木登りや穴掘り、春には山菜取りや花摘み、夏にはキャンプや虫探し、秋には落ち葉拾いや木の実拾い、冬には裸の木に登ったり、落ち葉の布団を作ったり、雪が降れば豪快なソリ遊びもできます。

そんな森により多くかかわるために、「森の幼稚園」と称してみんなでお弁当を持って、一日ゆっくりと森で過ごす日を月に何回か持っています。森には宝物がいっぱいです。どんぐりや松ぼっくりなどの木の実、赤や黄色の落ち葉、なんでもない木の枝、虫の死骸、石ころ、鳥の羽、園に戻るときに子どもたちのポケットや手の中は、いっぱいになります。「遊びの森」は幼稚園の園児だけでなく、毎月二回、日曜日に冒険遊び場として地域の人たちにも開放しています。大勢の家族連れや子どもたちが遊びに来ます。

ここで問題になってくるのが、けがのことです。ここでは自分のけがは自分の責任で、ということが前提になっています。擦り傷や切り傷などの小さなけがはありますが、骨折などの大きなけがはほとんどありません。森の中で思いっきり遊ぶことには危険も伴います。しかし自分の責任で遊ぶということを前提とした時に、子どもたちは遊び方を工夫します。危険にはリスクの危険とハザードの危険があります。リスクの危険は自分さえ気をつければ回避できる危険の意味で、ハザードはどんなに気をつけても回避できない危険の意味です。ハザードは確実に排除しなければいけませんが、リスクは時には必要な時もあると思います。「遊びの森」ではリスクの危険がありますが、その中で子どもたちは危険に対する身のこなし方を学び、身につけていきます。

森ではいろいろな工夫が必要です。年長児の夏のキャンプでは、竹を使って食器作りから始まります。のこぎりとなたを使って自分のお皿とコップを作ります。水道がないので水の使い方も工夫しなければなりません。キッズキャビンにも泊まれますが、テントも張ります。食事は薪集めから始まり火をおこします。ドラム缶に水を入れ、お風呂にします。グループごとに知恵を出し合い、工夫しながらキャンプをします。水道もない。整った施設もない。そんな環境の中で子どもたちは不便さを楽しみながら工夫する知恵を身につけていきます。

現代は便利な世の中になり、考えたり工夫しなくてもスイッチ一つでいろいろなことができてしまいます。自然の中には子どもたちにとって成長するための要素がたくさん含まれています。自然のなかで思いっきり遊ぶことにより、目に見えない大きな力が働いていることを実感し、その不思議さや偉大さ、命の大切さを感じ、神さまの働きが確実に成されていることを感じることができるでしょう。そんな、遊びの森に感謝です。

(初出不詳)

2　たかがお弁当、されどお弁当

木の実幼稚園ではお母さんの愛情を子どもたちに注ぐ一つの手段としてお弁当をお願いしていますが、四年間三年間二年間の間、お弁当を毎日手作りすることは並大抵のことではありません。毎日毎日「今日は何を詰めようか、どんなおかずにしようか」と悩むことも多かったのではないでしょうか？　幼稚園としてもいろいろと悩みました。お弁当があるということで、木の実幼稚園を選択しない人も多くいるようです。お弁当を廃止すれば、もっと園児が来るのかなと考えたこともありました。しかし、先日総会で話したのですが、やむを得ず給食弁当を選択制で取り入れることに踏み切りました。少しでもハードルを低くして入園者を増やそうということが目的です。入ってもらってからお弁当のよさをアピールしていこうと考えています。

子どもたちのことを考えると、やはりお弁当なのです。子どもたちが生まれてから成人するまでに二〇年。その中のわずか二年か三年なのです。しかもその乳幼児期が基本的な人と人との信頼関係を築くのに、とても重要な時期なのです。子どもたちは大きくなれば自然と親から離れていきます。でもその時になって、親が手をかけたいと思っても遅いのです。今しかないのです。今の時期に充分な愛情をかけてあげることが大切なのです。きっと将来において幼児期のお弁当作りが役に立ってよかったと思える日が来るのではないかと信じています。

園長の思いを読んでください。

たかがお弁当、されどお弁当

卒園を控え、年長児にとっては最後のお弁当の日。昼食が終わったころ保育室へ行くと、年長児のTがにこにこしながら、「先生、手紙見せてやろうか」といってきた。園長に手紙を書いてくれたのかなと期待しながら「どれ、見せて」というと、Tが大事そうにカバンの中から取り出した手紙は、お弁当のおかずのしみで少し汚れていた。

「Tちゃんへ、おべんとうはのこさずたべられたかな？　おいしかった？　いままでおかあさんのつくったおべんとうをたべてくれてありがとう。あまりじょうずにおべんとうをつくってあげられなかったけど、いつもきれいにたべてくれたね。ありがとう。おかあさんより」

Tが食べ終わったときお弁当の底から出てきたそうである。本当にニコニコと嬉しそうだった。「良かったね、お母さんがTちゃんのために作ってくれたお弁当」というと、Tは照れくさそうに笑い、大事そうにカバンの中にそっと手紙をしまった。

前日、Tのお母さんがこんな手紙を書いてきてくれた。

「園長先生はじめ、諸先生方、三年間、本当にありがとうございました。三月に入ると何かと忙しく、バタバタと、とうとう卒園する日がきてしまいました。（中略）毎日のように木工や工作を作って帰ってきます。どれもみんな大切な宝物のように並んでいます。思う存分作っておいで、たくさん遊んでおいで、と心の中でつぶやいていました。（中略）お弁当作りも料理の苦手な私にはとても苦痛でした。なんで他の幼稚園は給食なのに木の実はお弁当なの？ といつも思いました。でも上のお兄ちゃんが、『Tはいいなあ、お母さんの作ったお弁当を食べられて……』と言った時、こんなへたくそなお弁当でもうらやましがってくれるの？ と嬉しくなりました。『今日のおかずは何かな～』『デザートはいちごにしてよォ』とか、毎朝、そんな話をしながらお弁当を詰める日々でした。給食にはない温かさがお弁当にはありますよね。卒園するのがちょっぴりさみしいようなTですが、木の実幼稚園が、友達が、そして先生方が大好きなんだと思います。あっという間の三年間でしたが、たくさんの思い出ができました。（後略）」

屋外でお弁当を楽しむ

お母さんの素直な気持ちが書いてあり、嬉しく読ませていただいた。三年間（このお母さんは兄と合わせて五年間）のお弁当はお母さんにとって大変なことだったと思う。でも一番最後のお弁当の日に手紙を見たときのTの嬉しそうな笑顔が、三年間の答えのように思う。

お弁当は母親の愛情表現の一つである。毎日のこととなると大変だと感じながらも子どもと会話しながら、子どもの姿を思い浮かべながら作るお弁当に、子どもたちは無意識のうちに愛情を感じているのである。乳幼児期にかけては、母親を特に必要とする時期である。小学校へ入り高学年になると親から離れ友達を求めるようになる。子どもたちが正常に自立していくためには、乳幼児期に安定した情緒の確立が必要となる。

お母さんが作ってくれたお弁当でにっこり

子どもたちが親を必要とする時期に十分愛情を注ぐことが、情緒の確立・安定につながる。親子の信頼関係を築き、安心して親離れをし、自立していくことができる。ましてや幼稚園の時期は三年である。子どもが成人するまでに二〇年としたときの、たった三年である。でもその時期に母親の愛情をたくさん必要とする。お弁当はあくまでも手段の一つかもしれない。給食のよさもある。でも大変なお弁当と格闘するお母さんたちの思いを子どもたちはしっかりと受けとめ、喜びを持つことができるのは間違いない。子どもたちの成長にとって大切な時期に苦労し、その苦労が喜びに変わっていくのがお弁当のよいところでもある。Tの嬉しそうな笑顔。それがお母さんの愛情への答えだ。〝たかがお弁当、されどどお弁当〟である。

［アンケート］お弁当でよかったと思うこと

先日よちよちクラブからのアンケートがありました。その中でとてもよい意見をたくさんいただきました。後でまとめていただきホームページにもアップしていただきますが、その前に木の実幼稚園の保護者の方にどうしても伝えたくて、お弁当についての意見を載せてみました。

①子どもが「おいしかった」といってくれたり、空っぽのお弁当を見てうれしくなる。子どもにも愛情が伝わり、自分も子どもに対して愛情が増します。

②体調が良くないとき（風邪の治りかけとか）に消化のよいものを選んで入れたり、幼稚園を嫌がるときに好きなものを入れて、離れていても応援できること。

③以前よりもちゃんとご飯を作るようになった。慣れてきたので大変だなあと思うこともないので、休みの日なども外食が減ったこと。

④子どもが嫌いな食材をお弁当に入れると食べられたり、残してきたときは嫌いだったのか体調不良だったのか、子どもの口からきけました。どんな内容のお弁当でも、〈母が作る〉—〈子が食べる〉このつながりから母と子の絆をより強いものにしてくれる気がして、料理は得意ではないけど、弁当を作ることがうれしいと思えた。

⑤「今日のお弁当は◯◯がはいってるよ」「ママ、お弁当おいしかったよ」など園の行き帰りで、一言二言会話が増える。
⑥お弁当を残した時など体調の目安になる。「おいしかったよ。また作ってね」といわれ、うれしい。
⑦きれいに食べてあると嬉しいが、好きなものなのに残しているとあまり元気ないのかなと目安になる。子どもの顔を思い浮かべながら（お弁当を）つめるときは貴重な時間かな？　と思う。
⑧子どもの好き嫌いのほかに、食べて満足できる本当の量を知れる。自分の子どもはこれで生きていけると親が理解できた（食への心配が減る）。
⑨ママおいしかったよ。といわれると、すごくうれしい。
⑩やっぱり愛情が伝わっているのがわかること。お弁当を通じて、子どもと会話が増える。
⑪お弁当は慣れているので、子どもの弁当箱は小さいから楽。
⑫子どもとメニューを決めたりして、コミュニケーションが取れる。
⑬たくさん手抜きはしているけど、ママの愛情は伝わっていると思う。
⑭最初は好きなものしか食べなかったけど、残した時は時間をかけて話し合うことで、夏以降は全部食べてくるようになった。嫌いは治ってなくても、ちゃんと食べることはできるようになった。
⑮卒園した兄が、「お弁当いいな」といってくれるので嬉しかった。かわいいお弁当にしたとき、喜んでくれると、また頑張っちゃおうかな～と思う。

アンケートのほんの一部ですが、主な意見を書かせていただきました。これを読んだときに、「食育」そのものだなあと感じました。お弁当を通して心の成長まで培っていけるのですね。子育ても同じだと思います。全力で完璧を目指そうとすると、いつかは疲れてしまい、続かなくなる時もあるのではないでしょうか。お弁当作りも子育ても、「頑張らなくちゃ」ではなくて「楽しまなくっちゃ」のほうがいいと思います。「適当に」という言葉はマイナスに受け止められますが、「その人にとって適度な」というふうに考えるとどうでしょうか？　「その人にあった、その人にあわせた」と受け止めることができればいいのではないでしょうか？　そういう意味では手抜きも時には必要かなと思います。あまり手抜きすぎても困りますが。「適当に」がいいですね。

（「園長文庫」二〇一二年三月）

3　さあ、森へいこう

木の実幼稚園では毎月二回、森の幼稚園を行なっている。森の幼稚園とはデンマークで始まり欧州で広がっている幼稚園の教育活動である。子どもたちが森の中で遊ぶことでさまざまな教育効果があげられる。子どもたちは、徒歩一五分程度の遊びの森キャンプ場までお弁当を持って歩いていく。子どもたちはその途中いろいろなものを発見する。それは小さな虫だったり木の実だったり、おかしな形をした木の枝や根っこ。派手な色をしたキノコや木の実。四季折々の発見がある。

春一番には可憐な青い花を咲かせるオオイヌフグリやホトケノザ、森は一気に芽吹き始める。「遊びの森」

の小川ではサワガニの産卵が始まる。小粒ほどの小さなサワガニの赤ちゃんがあちこちで見つかるころ、ヤマザクラの花びらが森を真っ白に染める。森の中へ入り腐った枯葉をどかすと、去年の秋に落ちたドングリが小さな芽を出しはじめ、根っこを地面にしっかりと張っている。だいぶ森の緑が濃くなってくる五月から六月にかけて、オオムラサキの羽化がはじまる。枯葉の下で越冬した幼虫たちはエノキの木に登り脱皮を繰り返し、小指ほどのかわいい幼虫になり、羽化して森を飛びはじめる。成虫の姿はめったに見られないが、夏の暑い日にカブトムシたちと一緒に樹液を吸っている姿を見かけることも時々ある。

七月、エゴの木が真っ白な花を咲かせ、森には花の真っ白な絨毯ができる。そのころ、子どもたちがやぶの中へ入ると、オレンジ色のモミジイチゴ（木イチゴ）がたくさん獲れる。とげに気をつけながらも我先にイチゴを口に含むと、甘酸っぱさが口中に広がる。森で遊んで手が汚れると、子どもたちはエゴの実をたくさん取って水の中でごしごし擦る。すると、石鹸のように泡が出てきれいな手になる。森には命がいっぱい。のんびりと体をゆすりながら木に止まっているナナフシ。腐った丸太や切り株を見ると大人の親指よりも大きなナメクジ。勇気をだして捕まえると手はぬめぬめになる。

秋の初め、森が色づきはじめると、ツルが伸びて高い木の上に紫色をしたアケビの実がぱっくりと口をあける。子どもたちはそれを獲りたいのだが、なかなかとることができない。でも、山栗はいくらでも落ちている。栗のイガに気をつけながら中身を取り出す。ナイフで固い皮をむいてやると、コリコリとおいしそうに食べる。地面を見ると赤や白や茶色のいろいろな色のキノコがニョキニョキと顔を出す。木々の葉が落ちはじめ、森には木の葉の茶色いふかふかなふとんが敷かれる。そのころ、森の中を探検すると金色の丸い球が落ちているのが見つかる。山うさぎのウンチである。草の塊でできていて、乾いているものは金色をしていてとてもきれいだ。子どもたちは我先にウンチを拾い集め、自慢そうに友達に見せる。森の幼稚園から帰る時、子どもたちの両手やポケットは棒切れや木の実や石ころでいっぱいになる。

冬の寒い日などは、真っ赤なほっぺで鼻水を垂らしながら帰ってくる。でも子どもたちの顔は笑顔でいっぱい。

このように森には発見がいっぱい。不思議がいっぱい。感動がいっぱい。命がいっぱい。子どもたちは森で、さまざまな出来事と出会い、感性を高めていく。森の中では危険もたくさんある。遊具もないので、考えなければ遊べない。遊びを創りだすことで創造力が研ぎ澄まされていく。命と出会うことで、人としての心の優しさが育っていく。ビデオの世界でもない。コンピューターゲームの世界でもない。実体験を通して、子どもたちは生きる力を身につける。子どもたち、さあ、森へいこう。

（前橋市総合教育プラザ「幼児教育センターだより」第四八号、二〇一二年三月）

第三章　園長だより——木の実幼稚園でのひとこま

1　狸のうんち探検

今日はマラソンの日。園児みんなでビオトープ周辺の田んぼをコースとして走ります。起伏がある田んぼのあぜ道を北風に負けずに走る子どもたち。最初、着ていたジャンバーを脱ぎ捨て走ります。一周六〇〇メートルくらいあるでしょうか。年長児から満三歳の子どもたちまで走ります。「これで二週目、三週目」と多い子は四週続けて走る強者《つわもの》もいます。顔を真っ赤にして走ります。帰りは学年ごとに帰ります。年中児が「園長～、今日も探検して帰りたい～」と、前回もマラソンの帰りに探検をしたことが楽しくて、「探検したい」といってきたのです。園長が「泣かないのなら、行ってもいいよ」というと、「泣くわけないじゃないか」と強がる子どもたち。「じゃあ行こう」ということで園長を先頭に歩きます。

道から外れて牧草地に入ります。牛のうんちが積まれている間を鼻をふさぎながら通り過ぎると、びっしりと生えた篠やぶの崖があります。「気を付けて一人ずつ降りようね」と声をかけ、そのやぶの中へ入っていきます。思ったよりもびっしりと生えているので、進むのが大変です。子どもたちはひるむことなく園長の後をついてきます。前回と同じようなコースをたどっていくと、狸のトイレがありました。前回の探検で見つけた狸のトイレですが、狸の性質の一つとして、ウンチは必ず同じ場所にするということです。こんもりと小山のように積もったウンチは、間違いなく狸のものです。子どもたちは嬉しそうに「狸のトイレだ～」といいながら、篠やぶを抜けていきます。篠やぶを通って石の橋を渡ったら竹藪に入り、そこから園長の自宅の裏に出ます。子どもたちは得意そうに帰ってきました。

（「園長だより」二〇一四年一月）

2　柚子のジュースと屋根登り

木の実幼稚園にはうさぎ小屋と隣接して園長の自宅の蔵があります。その隣には大きな柚子《ゆず》の樹があって、二月の今でも柚子の実がとりきれずに残っています。何個か落ちた柚子を拾って女の子たちが、柚子のジュース作りを始めました。柚子の皮をむいて実を手で絞って、ペットボトルに入れます。水で少し薄めてジュースにしました。そのままでは飲みづらいので、園長が酵素蜜を少し入れたら、ちょっと甘くておいしいジュースになりました。あっという間にジュースが売り切れてしまったので、「園長、柚子とって～」といってきました。しかし、高枝切りで柚子を獲ろうとしたけど届きません。仕方なくジャングルジムからうさぎ小屋の屋根に登り、そこから蔵の屋根に伝わって柚子の樹のそばまで行き採りました。それを見ていた子どもたちは、いっせいに「いいな～、どこからのぼったの～。僕ものぼってみたい」と子どもたちのやりたがりの気持ちを口にしました。不思議なことに、毎年この時期になると屋根に登る子どもたちが現れます。ジャングルジムからうさぎ小屋の屋根に登るときに勇気がいるのです。ジャングルジムとうさぎ小屋の間は四〇～五〇センチ程度。高さは三メートルほど。屋根に手をついてジャンプしていくのだが、勇気が必要です。男の子が二人屋根に上がると年長児のR子も挑戦です。しかし、ジャングルジムの上に立つのが怖くてなかなかできません。でも登りたいという気持ちがあるようで、やめようとしません。「こわかったら無理にやらなくてもいいんだよ」と声をかけたけど、やめようとしません。一〇分くらいその場にいたでしょうか。思い切って飛んでみたら屋根に登ることができました。「やったー、のぼれたー」と嬉しそう。登りたい、でも怖い。しばらく葛藤して自分で決断したR子。また一つ自信が身に付き、やってみようという気持ちが強くなったようです。また今年も、やりたがり屋（挑戦したいという気持ちがいっぱい）の子どもたちでいっぱいです。

（「園長だより」二〇一四年一月）

3　自由と放任、甘えとわがままの違い

今、子どもたちの間で大人気の遊びのひとつがバイキーです。ペダルなしの自転車で、子どもたちはうまくバランスを取りながら乗っています。最近、そのバイキーの取り合いが起こるようになりました。台数は五台あるのですが、それでも取り合いになります。一二月にはゆずりあいの姿があちこちで見られました。年長さんは友だちにゆずることができるのですが、年少さんになるとなかなか難しいようです。そのたびに

教師がかかわりますが、子どもたちの自分の意志ではありません。教師にいわれたので仕方なくゆずります。

そこで考えたのが、バイキーの停留所設置です。子どもたちに順番に並んでもらい停留所で待っていて、順番が来ると乗ることができるようにしたのです。子どもたちは乗りたいので我慢して並びます。そして順番を守ります。じつはこの我慢が大切なのですね。自由の中には我慢してゆずりあうこと、ルールを守ることがたくさんあるのです。そうしなければ、自由に遊べなくなってしまうのです。子どもたちは我慢を経験することで、自分の気持ちをコントロールできるようになってきます。これを自律心といいます。大人にいわれてではなく、自分で物事の良し悪しを考えることができるのです。ともすると「自由と放任」、「わがままと甘え」の違いを、取り違えてしまう恐れがあります。時には大人として、毅然とした態度で子どもたちにしっかりと伝えることが求められます。そして怒ると叱るの違い。怒るのは感情的になって批難してしまうこと。叱るは相手に良くなってもらいたいと考え、冷静に伝えること。子どもたちに考えさせるような働きかけが大切ですね。もう一度、子どもたちに対する接し方を考えてみましょう。

（「園長だより」二〇一四年一月）

4　自己肯定感を持つということ

子どもたちが幼い時に自己肯定感を持つことはとても大切なことです。

自己肯定感とは——自分は周囲の人たち（親）に愛されている、認められているという感情を持つことができること。自分はこのままの自分でいいんだという安心感を持つことができること。

若い人の中でリストカットを繰り返す人がいます。芯はしっかりしていて責任感も強く積極的に行動できる子ですが、どうしてもリストカットを繰り返してしまうのです。手首の傷を見せてもらうと、深い傷ではないのですが、カッターなどで切った傷が無数にありました。

どうして切るの？　と聞いてみました。〝手首を切ることで血が流れ、自分は生きているんだという安心感が出て、落ち着く〟というのです。気持ちが落ち込んだ時や行き詰まった時に切ると、すっきりするといっていました。切っても痛みを感じないともいっていました。

リストカットの原因として幼い時の家庭環境が大きく影響しているのは間違いない、と臨床心理士の先生はいいます。家庭において兄弟で比較されたり、いつも怒られてばかりいたり、否定的な態度をとられてばかりいると、だんだんと人の目を気にするようになります。そしてそのような環境の中で育っていき、思春期を迎えるころ、自分はダメな人間なんだ。価値のない人間なんだと思うようになり、自分を否定しはじめます。そして逃避行動や安心行動として手首を切りはじめるということです。

思春期に入ってから、それを改善しようとしてもかなり難しい面があるけれど、幼児期だったらいくらでも改善できるといっていました。そう、周囲の大人がかかわり方を考え、子どもの思いや行動を受け入れる努力をしていけばいいんです。「あなたのこと、大好きだよ。いつも考えているよ」と声をかけ、関心をもって見ていてあげればいいんです。大人の思いに沿わなくても、子ども自身の行動や気持ちを受け入れていくことが大切です。

でも忙しい毎日の生活の中ではそれも大変。いつもじゃなくていいんです。子どもたちが求めてきたとき、さみしい時、悲しい時にそばにいて、「あなたのことが大好きだよ。いつも考えているよ」と声をかけてみることも大切でしょう。

だからといって、あまり力を入れすぎても、お母さん自身が疲れてしまうこともあります。「適当」「いいかげん」という言葉も必要な気がします。私が以前に書いた文章を載せておきます。

〈時には「まあいいか」という気持ちも大切です。「適当」と「いいかげん」という言葉はマイナスイメージにとらえられがちですが、「適当」＝「適度な、やりすぎない、柔軟な気持ち」「いいかげん」＝「ちょうどよい加減」という意味でとらえていきたいと思います。〉

子どもたちに自己肯定感を持たせること。今からだったら、十分にできることです。

（「園長だより」二〇一四年五月）

5 「いじめ」について

新聞記事によると、大津市の中学二年生がいじめにあって自殺をしたということです。学校で自殺の練習といって、数人の生徒たちが一人の生徒に対して粘着テープで口をふさいだり首を絞めたり、執拗ないじめがされていたと書かれています。その事実が発覚した後も、学校側は早急な対処を取らないままでいるうちに、生徒が自殺してしまったそうです。ついに警察が捜査に乗り出し、学校教育現場に強制家宅捜索が入って、教員の書類などが押収されるという異常な事態にまで発展しました。

また、別の新聞記事で、愛知県蒲郡市の中学生九人が同級生の男子生徒をいじめようと計画し、携帯メールで「自殺に追い込む会」の結成を呼び掛けたところ、九名の生徒が賛同し会に加わったそうです。その後、「死ね」「きもい」などと悪口をいうなど、いじめが始まったそうです。ほかの生徒が心配して学校に相談したことから事実が発覚し、いじめをやめるよう指導したそうです。

このニュースを見て感じたことは、子どもたちの「命」に対する認識があまりにも低いこと。そして学校や教育委員会の対応が秘密主義というか、責任逃れの体制があまりにも強いということです。そのことにより生徒の命がどんどん失われていくのです。

よく考えてみたいと思います。何が原因となって「いじめ」が行なわれるのでしょう。

私が考える問題点

①命の存在に気づくこと――自然と思いっきりかかわることの大切さ

「自殺に追い込む会」の設立を呼び掛ける生徒、それに賛同する生徒、自殺の練習を無理やりにさせた生徒たちは、命の存在、そして死ということに対してどのような考えを持っているのだろう。幼い時から命の存在を知るということは、とても大切なことと考えています。木の実幼稚園で、子どもたちはカメのエサとしてミミズを捕まえてあげています。気持ち悪いような虫を捕まえて、その姿や形に感動したり驚いたりしています。時には、虫たちをいじくりまわして殺してしまうこともあります。大人は、「かわいそう」や「きもちわるい」と一言で片づけてしまうかもしれません。

しかし、このことは大きな意味を持っているのです。子どもたちが虫を捕まえ虫と遊び、虫に興味を持っていくことで命の存在を知ることができるのです。虫やミミズが死んでしまうことで、命の存在を知ることができるのです。

今はコンピューターゲーム等、バーチャルの世界で生活している子どもたちが多いです。画面の中では死んだ者が生き返ったり、リセットすればまた初めからゲームを再開できるという世界です。そのような世界の中で、はたして子どもたちは心の中に「命」の大切さを感じることができるのでしょうか？　簡単に「死ね」とか「殺してやる」とかいう言葉を発してしまう子どもたちも見かけます。本当の死の意味を知ることはできないでしょう。死があるからこそ、生の大切さを感じることができるのだと思います。

②なぜいじめるのか――心と心のつながりとは

いじめをする生徒たちの心境というのはどのようなものなのでしょう。ただ面白いからいじめをするのでしょうか？　嫌いだからいじめるのでしょうか？　それだけではないような気がします。

以前、「心のメール」というお手紙を出したことがありました。その中に書いたことは、〝いじめる側も何かの理由があったんだよ。「自分が親から認められていない」「親に本当の自分を見てもらえない」「悪いことを悪いと叱ってくれない」など、子ども自身に対して関心を示してくれないから不満になるんだよ。その不満を親にぶつけられないから、友達にいじめとしてぶつけるんだよ〟ということでした。

子どもたちは、親や大人に対していろいろな気持ちを発信しています。「おかあさん、おとうさん、もっとこっちをみてよ」「もっとはなしをきいてよ」「もっとかかわってよ」と……。

でもお父さんやお母さんの気持ちが別の方を向いてしまうと、子どもたちの気持ちが見えなくなってしまいます。子どもたちはいろいろな方法で親に気持ちを発信します。

時にはわざと悪いことをしてみたり。園に行くのを嫌がってぐずってみたり。友だちにちょっかいを出して泣かしてみたり。わざと悪い言葉を使ってみたり。いろいろな方法で大人の嫌がることをやってきます。それは自分のことを見てほしいからです。

その心の底に何があるのかをしっかりと見ていくことが大切です。「だめじゃない」「うるさい」「いけない」という否定の言葉を使うと、子どもたちの見えない心の中にたくさん不満がたまっていきます。それが他人へのいじめという形の現れることもあるそうです。

親の一方的な思いを子どもに向けるのではなく、しっかりと子どもたちの心に向き合うこと、子どもの思い（わがままではありません）を受け止めることが大切でしょう。
③学校教育や警察などの問題――責任はだれがとるの
生徒やその両親から学校や警察に相談があったにも関わらず、なかなか動こうとしなかったことにも問題があると思います。目の前に困っている人、悩んでいる人たちがいるのに、実際に事件が起きないと動こうとしない警察。事実をなるべくなら隠そうとする学校と教育委員会。自殺の原因はいじめということがわか

っても、認めようとしない体質。責任を認めると保障の問題などもあるのでしょう。でもどうなのでしょう？子どもたちを教育すべき機関の人たちが責任から逃れようとしている。これにも問題を感じます。

④現代社会の問題――考え工夫することの大切さ

とても便利な世の中になってきました。子どもたちは工夫や努力をしなくても家庭で生活をすることができます。スイッチ一つでいろいろなことができてしまう時代です。これらの便利な生活は子どもたちから〝考えること〟を奪ってしまいました。遊びの中でも「あれをやってはいけない」「これをやったら危ないからダメ」、いろいろな安全遊具でもその通りに遊んでいれば大丈夫など、子どもたちが考え工夫する必要なく遊ぶことができるようになっています。考えることなく大人の指示通りにやっていれば大丈夫、という世界です。また、携帯電話などの普及で、人と人とが顔を合わせなくてもコミュニケーションが取れるようになってきてしまいました。極端な例では、家庭の中で親子でメールのやり取りをしているとの話も聞いたことがあります。今回の「自殺に追い込む会」を作った生徒も、メールで参加募集をかけたところ、九人の賛同者が集まったということです。まだ、自分のことや金銭的に責任も持てない中学生のころから携帯電話を持たせることの恐ろしさを感じます。周りはみんな持っているからと、わが家の子に持たせるのはどうなのでしょう。

現代の人たちは、人とかかわることがとても苦手であるといわれています。その背景として、このような社会状況も影響しているのではないでしょうか。

いま、もう一度、私たち自身が周りの様子をよく見て、子どもたちの心に正面から向き合うことの必要性を強く感じます。

（「園長文庫」二〇一二年七月）

6　心の基地

今多くの幼稚園では預かり保育を行なっています。親のニーズと社会状況がそうさせているのでしょう。私の園でも例外ではありません。一七時三〇分まで行なっていますが、寒い冬は日が暮れるのも早い。五時になると薄暗くなってくる。ある日、私も一緒に預かり保育に参加していた時のこと、五時三〇分前に次々と親が迎えに来る。そのとき年少児のA子が、「今日一番最後になるのいやだなあ」とポツリと言った。そしてなんとなく私の膝の上に乗ってきて、手に頬を擦りつけるのだった。時々、目を上げては「えんちょう、えんちょう」となんとなく声をかけてくる。ひしひしとA子のさみしさが伝わってきました。

冬は四時から五時ころにかけて急に空気が変わるような気がします。なんとなく薄暗く、寒くなり、さみしさが増してくる。そんな空気である。本当だったらその時間帯には暖かい部屋でお母さんが夕飯の仕度をしていてくれる。遊びが終わり、鼻をたらしながら寒そうに明るい電気のついた家に帰ってきた子どもたちは、コタツにもぐり込む。包丁でトントン野菜を切る音。コトコト鍋から湯気が立ち、美味しそうな匂いがしてくる。そのそばで子どもたちはゆっくりと過ごす。エプロン姿のお母さんが「そろそろ夕食よ～」と声をかける。

寒い冬の日、薄暗くなるとそんな風景が目に浮かんできます。私の原風景の一つである。そんな風景はもう過去のことなのだろうか。また、年長児のＢ子のおばあちゃんが五時三〇分過ぎに迎えにきた。てっきりお母さんが来てくれるものだと思っていたＢ子は、「お母さんに迎えにきてもらいたかった～」と大泣きをしました。空気が変わるさみしい夕方、子どもたちにとってお母さんの存在は大きいのです。

最近、子どもたちの間で、おままごと遊びが行なわれなくなってきたと聞きます。実際、県内の幼稚園の話を聞いても、おままごと遊びが少なくなってきたという。「おままごと」を漢字で書くと「お飯事《ままごと》」と書くらしい。家庭での食事の様子を表した子どもたちの真似っこ（模倣）遊びである。

おままごとは、子どもたちの家庭での様子が手に取るようにわかるからまた面白い。おままごとは、子どもたちの間では「家族ごっこ」といっているが、その登場人物にお父さんのなり手が少なく、お母さんやお兄さんお姉さんを中心に、赤ちゃん（子どもたちはバブちゃんという）やペットに人気が集まっている。手首を紐で縛ってもらい四つんばいになってペットになりきって、よろこんで這っている子ども。お父さんが家庭の中で見られず、大切にされている赤ちゃんや、ペットになりたがる子どもたち、保育者はこの事実をどう受けとめればよいのだろうか？　乳幼時期には親の愛情、特に母親のぬくもりや愛情が不可欠です。この時期に充分な愛情を受けて育った子どもたちは、心が安定し他人へも愛情を注げるようになります。《三つ子の魂百まで》というが、まさにその通りである。少子化が深刻化し、国でもいろいろな支援を行なっているが、子育て支援の下に、子どもたちの心が犠牲になっているのは間違いない。長い時間子どもたちが家庭から離れ、施設に預けられることにより親との係わりは少なくなり、愛情を受ける時間も少なくなっている。せめて乳幼時期だけでも、母親と一緒にいられる時間を長く持つことができる支援政策がないものだろうか？　A子の母親は五時三〇分に迎えに来ると、「A子ちゃ〜ん、遅くなってごめん」と両手を広げてしっかりと抱きしめてくれる。A子もとてもうれしそうに帰っていく。母親の存在は子どもにとってすべてを守って、受け入れてくれる「心の基地」なんだなあ、とつくづく感じる瞬間である。

（「園長文庫」二〇一五年六月）

7　子どもの遊びの要素「AKU」（アク）

ここ数年、定職につかずにアルバイトで生計を立てている若者が増えてきている。彼らのことをフリーターと呼ぶが、最近は仕事をする意欲がなく、家でふらふらしているニートという種類の若者が増えてきているという。彼らのことを「最近の若い者は困ったものだ」と一概にはいえないような気がする。原因はなんだろう？　気力、意欲、忍耐力の欠如などが上げられる。幼い時に意欲を十分に発揮する経験を積み重ねることで、大人になっても意欲を持って行動することができるのではないだろうか。子どもの遊びとは、「やってみたい」という意欲の現れから始まる。「楽しそうだな」「面白そうだな」「じゃあ、やってみるか」と始まるのである。

子どもの遊びの要素には、A＝「危ない」、K＝「きたない」、U＝「うるさい」の三要素が含まれているという。AKU、つまりアクである。このアクは、大人にとってはアク（悪）になるらしい。子どもの遊びを見ている大人から出てくる言葉は、「危ないから止めなさい」「汚くなるからダメ」「うるさいからやめなさい」と否定するものばかりである。子どもはＡＫＵが大好きで、やってみたいと意欲を出しかけたところで「だめ」と止められてしまうと、意欲を発揮できなくなってしまう。

「遊びの森」では先日、新しい遊びとして「かにの横渡り」という高さ三メートルほどの木の位置に上下二本のロープをつなぎ、それを横向きにわたる遊具を作った。手を放せば落ちてしまう危ない遊具である。それを渡るのに、まず木に登らなければならない。年長の男の子たちは果敢に挑戦している。できる子、できない子もいたが、「やってみたい」という意欲が溢れている。思いっきり緊張した顔で渡っている。また、園庭のツリーハウスは高さ四メートル、その二階になると六メートルの高さがある。そこへロープ一本で登るのだ。初めての子は顔中に緊張をみなぎらせながら、登ることに何回も挑戦する。登れると、とても気持ちいい。

園から歩いて二、三分のビオトープ池にはドジョウやメダカ、ゲンゴロウやミズカマキリなどたくさんの生き物がいる。子どもたちは網とバケツを持ってビオトープまで歩いていく。池の底へ網を入れ地面の上に泥ごとすくいあげる。その中にもぞもぞ動いているものがいるので捕まえてみると、大きなドジョウだったり、オタマジャクシだったり、ヤゴやメダカまで捕ることができる。手や洋服は泥だらけである。帰る時には池に戻してやるのだが、子どもたちは「あ〜おもしろかった。また明日来ようね」と一言口に出す。

子どもたちの大好きな木工室では、年少から年長までが木工を楽しむ。年長児は電動糸ノコギリで一枚の板からパズルやクワガタ、てっぽうなどを切りぬく。年長児のＡ男が大きな板を持ってきて、「バリヤー（盾）を作るんだ」といって、カナヅチで釘を打っている。何回か指をカナヅチで打ってしまうが、我慢して、痛いのをこらえながら打ちつづけている。糸ノコギリのガタガタ音と釘うちのガンガン音で木工室は騒音だらけになる。

こんな時、大人はどうかかわっていけばいいのだろうか。「危ない」「汚い」「うるさい」と子どもの活動を制限してしまうのだろうか？　ケガの責任や後始末のことを考えると、どうしても慎重になってしまうのが大人たちである。子どもたちは、遊んでいる〝今の瞬間〟が楽しく光輝いているのだ。子どもの〝今〟に意欲が培われる。子どもたちのＡＫＵからは意欲だけでなく、忍耐力、想像力、責任、思いやりの心が培われる。子どもたちのＡＫＵを受け入れられる心の広い大人として自分自身も成長していきたいと願う。ハラハラドキドキしながら。

（「園長文庫」二〇〇五年五月）

8　心に寄り添って

ぼくはお話をしているんだよ、「ねえ、いっしょにあそぼ」「これおいしいよ、食べてみて」。

ぼくはお話をしているんだよ、「そんなにうるさくいわなくてもわかってるよ」「ねえ、ブランコおして」。

ぼくはお話をしているんだよ、「もう疲れた、やすませて」

……でもわかってくれない。

「ダメ、皆と同じにしていなくちゃ」、「ダメダメ、静かにしなさい」、「何回言ったらわかるの」、「ホラ、頑張って」、「ガンバッテ」。

なかなかお話を聞いてあげられない。

聞いてあげられないから、目をつむってしまう。

聞いてあげられないから、「やだよ～」って心の中の大きな声で叫んでしまう。

どうしてもっと心のお話を聞いてあげられないんだろう。

どうしてもっと心に寄り添ってあげられないのだろう。

そうだ、同じように地べたに寝転がってみよう。同じように砂にまみれてみよう。同じように泣いてみよう。笑ってみよう。

そうしたら少しは心のお話が聞こえてくるかもしれない。

「ねえ、一緒に遊ぼうよ」って

これは私が保育者としてクラスを持っていたとき、ハンデをもったTくんの詩である。私が保育者として心に言い聞かせていることは、「子どもの言うことやすることに意味のないことは一つもない」である。Tくんの行動は大人の目から見ると困った行動が多い。ついつい口うるさく注意してしまう。T君は言葉を話すことができないけど、やってみたいという気持ちをたくさん持っている。T君と同じ視線で生活をする時、不思議と気持ちが見えてくる。気持ちが見えるとイライラすることもなく、行動を受け入れることができる。大人側からの一方的な思いで子どもたちに接すると「ダメ。いけません。早く。」という言葉がつい出てくる。

子どもたちは心の中で目を閉じてしまう。もっと子どもの心に寄り添ってみよう。心のお話をじっくりと聞いてみよう。

（「園長文庫」二〇一五年一二月）

9　大人の都合、子どもの気持ち

全国で、不登校になり、学校へ行けなくなってしまった子どもたちの数は、年々増えている。A子もその一人だ。小学校中学年ころから学校へ行くことをやめ、家の中に閉じこもるようになった。学校の先生も何度も足を運んでくれ、何とか学校へ出てこられるように努力してくれた。しかしA子の心はますます閉じてしまい、一時期は部屋に閉じこもり、朝晩が逆転してしまったという。友達とのつながりはあったものの、相変わらず学校へ行けない。家族は学校へ行けないことを批難する。A子の心はますます堅く閉じる。そんな時、母親がある相談機関から指導を受け、「子どもを無理に学校へ戻そうとするのはやめよう。学校へ行きたくても行けないのだから。その気持ちを認めてあげよう。わかってあげよう」という気持ちを持つようになった。父親も、やっとの思いで、A子の気持ちを認められるようになったという。そのことをきっかけにA子は変化してきた。部屋から出て、食事も家族と一緒にできるようになったそうだ。時には散歩に出て生活を楽しんでいるという。学校にはいまだに行っていないらしいが、A子は大きく変わった。両親に自分の気持ちを認めてもらい、心を開くことができたのではないか。

自閉的傾向と診断されたB男は、言葉もほとんどなく、目を合わせることができない。他の施設から転園してきた当時は、表情がほとんどなかった。その施設では大人の指示に従わせること、一定時間、椅子に座っていられることなどを目的として、さまざまな訓練を行なってきたそうである。そんなB男が最近よく笑うようになった。目も合わせてくれるようになってきた。幼稚園ではいろいろな遊びに取り組むようになった。ブランコが大好きで、毎日のように来ては「押して」というように、教師の手を取りブランコまで連れて行き、楽しんでいる。つい先日のこと、バスで通園しているB男は、バスから降りるときに運転していた私のほうをしっかりと見て、ぺこんと頭を下げてお辞儀をした。そして小さな声で「あ・り・が」と言ったのである。「ありがとう」といったのだろう。これには驚いた。嬉しくて大きな声で、「どういたしまして」と返してあげた。園では送迎バスから降りるときに運転してくれた人に向かって、「ありがとうございました」と感謝の気持ちを表すことにしている。B男は他の園児たちのそんな様子を見ていたのだ。それから毎日降りるときに私と目を合わせ、ぺこんとお辞儀をして「あ・り・が」と言ってくれる。

A子の場合は、「学校へ行ってほしい」という親の気持ちが、「君の気持ちわかるよ。今のままでいいんだよ。学校へ行かなくてもいいんだよ」と変わったこと。今では夜になると、一生懸命、勉強をするようになったという。このままではいけないと感じはじめたらしいと母親は言っていた。

B男の場合は大人からの一方的な指導ではなく、一人の人間としてB男自らが周囲の子どもたちの会話や態度を見て学んだことで、大きな変化が見られてきた。

現在、社会的不況という波の中で親の都合で多くの子どもたちが家庭から離れ、長時間施設に預けられている。仕事をしているから。家を建てたから。自分が輝きたいから、とさまざまな都合で預ける親が増えて、子どもが施設からあふれている。子どもの気持ちはどうなのだろうか？　大人の都合ではなく、子どもの気持ちを大切にしたい。

――じつはこのA子、二〇一一年の三月一一日の東北地方を襲った大地震と津波をきっかけに、突然学校へ登校するようになったそうである。そして現在、高校二年生。それ以降は無遅刻無欠席を通しているそうである。先日、木の実幼稚園に職場体験に二日間きてくれた女の子である。私はとても感動して嬉しかったです。

（「園長文庫」二〇一五年一二月）

10　忍耐すること、我慢することの意味

ここ最近、子どもたちの間で、ジャングルジムからうさぎ小屋の屋根に飛び移る遊びが流行っている。遊びといっても、決して楽しく簡単にできる遊びではない。ジャングルジムの上までのぼり、そこから四〇～五〇センチほど離れた屋根に手をかけて飛び移るのである。この遊びは園長の私がいるときだけと制限している。私は子どもたちがいつ落ちてもよいように、ジャングルジムの下で手を出して待ち構えている。それでも怖い。理屈なく怖いのである。何人かの子はすんなりと飛び移ることができる。

年長児のKは「屋根にのぼりた～い」と勇んできたものの、いざジャングルジムに登るとその高さに驚いた様子で、しばらくジャングルジムの上に無言で立っていたが、意を決して屋根に手をかける。園長はしっかりと下で身構えている。でも怖い。Kの顔がだんだんこわばってきた。「恐かったら無理しなくてもいい

んだよ」と声をかけるが、あきらめようとしない。順番待ちの子どもたちも「頑張れ、がんばれ。園長がいるから大丈夫だよ」と励ましてくれるが、なかなか決心できない。五分以上じっとしていたろうか。ついに意を決したように屋根にしがみつき、ジャングルジムからパッと足を離して屋根によじ登った。よっぽど怖かったのだろう。最初は笑顔も見せずにただ黙っているだけだった。しばらくたってハッと我に返ったように、「やったー、のぼれたよ」と初めて笑顔を見せた。でも降りるときがまた問題だ。うさぎ小屋の屋根からさらに隣接した園長の自宅の蔵の屋根に登って、その近くに立っている豆柿の木に飛び移って、するすると降りてくるのである。さらに高さが増すので、怖さも増してくる。でも怖いのを我慢して、柿の木にしがみつき降りてくることができた。降りてきたときの顔は、何ともいえない嬉しそうな自信に満ちた顔をしていた。

子どもたちが大人になる過程でいろいろな困難に出会う。小さいうちは親がそばにいて、困難に遭わないようにいろいろと手助けしてくれるだろう。苦労をさせないように、大変な思いをさせないように気遣うことだろう。でも社会に出たらそうはいかない。自分の力でやらなければならないことは山ほどある。

ある企業の方がこんな話をしていた。就職しても三年以内に仕事を辞めてしまう若者たちが増えているそうである。職場でちょっとした困難に遭うとすぐにくじけてしまうのである。我慢できないそうである。

幼少期からマイナス体験をしないで育ってきているのも、原因の一つだそうである。マイナス体験とは友達とのケンカ、叱られること、失敗すること、痛い思いをすること等々である。

子どものできることはたくさんあるはず。子どもたちは遊びの中でいろいろな体験をすることで我慢することや頑張ることを覚えていくのである。

たかが屋根に登るだけのことであるが、子どもたちにとってはとても困難なことである。でもあえて、「やってみたい」という気持ちで子どもたちは挑戦する。そこでは我慢や忍耐が求められる。園長が下からハラハラドキドキしながらも見ていて、「これは無理かな」と感じるときもある。でも子どもたちは「やってみたい」という意欲を見せることで、困難に立ち向かっていける強い心を持つことができるのではないだろうか。ケンカもしかり、失敗もしかり。いい意味でのマイナス体験は子どもたちのとてもよい成長に結びつく。

問題は大人がそのような時に、どう関わるかである。大声を出して怒ってしまうのか。すぐに手伝ってしまうのか。ハラハラドキドキしながらも見守っていられるか。失敗を責めるのか。

子どもたちの力を信じて見守ることが必要である。でも、どうしてもできないとき、本当に危ない時、失敗した時、子どもが心から親の助けを求めるとき、そんな時には全面的に協力したい。

「大丈夫だよ。それでいいんだよ。あなたはそのままのあなたでいいんだよ。あなたのことが大好きだよ」と……。

（「園長文庫」二〇一六年四月）

11　個性が一番強いんだね

先日、二四時間テレビを何気なく見ていたら、さかな君の「世界中で一番受けてみたい授業」という特集があり、海洋大学准教授の「さかな君」が子どもたちに向けてお話をしていました。その中で「世界で一番強いさかなはな～に？」と子どもたちに質問したところ、子どもたちから「サメ」とか「エイ」などの回答が出ていました。私は「いや、きっとシャチだろう」と思っていたら、なんとさかな君は「世界で一番強いさかなは……ぜ～んぶのさかなだよ。ぎょぎょ」とかん高い声で言いました。子どもたちは唖然というか「ぎょぎょ、なにいってるの」という感じで、その場が少ししらけてしまったように感じましたが、さかな君は「〝さかなが全部強い〟って理由は、メダカは川にすんでいるでしょ。でもサメは川にすめないよね。川の中ではサメもメダカに勝てないんだよね」、「さかなにはいろいろな色があって、いろいろな毒があったり、それぞれがみ～んな個性を持っているんだよ。それぞれの個性が海や川の中で生きるために最適なんだよ。その個性がなければ魚たちは生きていけないんだ。だからそれぞれの個性を持った魚が一番強いんだギョ」と話してくれました。さかな君は、小さいときから魚に興味を持ち、いろいろな魚の本を読みあさっていたそうです。小学校ではろくに勉強もしないで魚のことにばかり興味を示していたので、学校の成績はとても悪かったそうです。周囲の友だちからも「変わったやつ。魚のことばかりで、魚ばかだ」と、誰もさかな君のことを理解してくれずに悩んだ時期もあったそうです。

でも家族だけは理解してくれ、興味に応じていろいろな魚図鑑を買ってくれたり、水族館へ連れて行ってくれたりして、特にお母さんは「誰がなにを言ってもお前はお前の好きなことをやっていいんだよ。勉強なんかできなくてもいいんだよ」と、いつもさかな君のことを理解し、味方になってくれたそうです。

家族が、特に母親がさかな君のことを理解して全面的に受け入れてくれたことで、もっともっと魚のことが好きになって、今のさかな君があるそうです。〝大学の准教授やテレビでも活躍〟と、司会者は話していました。さかな君の印象的な言葉は、「だから個性を持っていることが一番強いんだよ」でした。

木の実幼稚園の友だちもいろいろな個性を持っている子がたくさんいます。虫が大好きな人。恐竜が大好きな人。鉄道が大好きな人。いろいろな遊びを考え出す人。ツリーハウスに登るのが得意な人。木登りが得意な人。砂場が大好きな人。工作が得意で作るのが大好きな人。絵を描くのが大好きな人。個性はさまざまです。

でも今の教育はどうでしょう？　みんなと同じようにできるのがいいこと。人より早くできることがいいこと。～ができるようになるのがいいこと。目に見えることを求めることが多くないでしょうか。はたしてみんなと同じようにすること、みんなと一緒にということがいいのでしょうか？

木の実幼稚園では、一人ひとりの個性を大切にした保育を常に行なっていきたいという願いを持って保育をしています。

子どもたちはさまざまな個性を持っています。その個性を認めてあげるのは、私たち大人です。親です。子どもたちは自分の興味を持ったことを深めていくことで、さらに能力を発揮していきます。周囲が個性を認めることで、子どもたちは自己肯定感を持ちながら、その能力を発揮することができるのです。私たち大人はなにを子どもたちに求めるのでしょうか。子育ての中で大切なことは、その子らしさを大切にして、子どもの生きる力を伸ばしてあげることではないでしょうか。決して子どもたちは大人の品物ではありません。子どもが持っている本来のものを大切にしてあげられる子育てがいいですね。

（「園長文庫」二〇一六年八月）

12　人とのつながりについて

最近の新聞記事に、若者や子どもたちはもちろん、地域社会の人間関係が希薄になってきていることが書かれていました。ちょっとしたことでトラブルになってしまい、文句を言って喧嘩になる。これは大人の世界でも同じようです。要するに自分のことを中心に考える〝自己中心〟なことが多くなってきたということだと思います。木の実幼稚園では人とのつながり、信頼関係の確立を大切にしています。でも今の世の中を見てみると、どうでしょうか？　政治の世界を見ていても、同じ政権の中においても喧嘩や仲間外れが多い、と記事に書かれていました。国民の意思は関係ないという感じですね。教育現場でもいじめによる自殺や、学校側の責任のなすりあい、モンスターペアレンツといわれている人たちによる学校への攻撃など、教師の側にも問題があるとは思いますが、要するに信頼関係の喪失かなと感じます。家庭ではわが子に対する虐待など、数えるときりがありません。

なぜでしょうか？　一つの原因として、携帯電話やインターネットによる情報機器の発達により、顔を合わせなくてもどこにいてもさまざまな情報が簡単に手に入るということ。ＳＮＳなどを使うことで、一度の多くの人と情報交換をすることができます。このことにより、実際にモノを見て直に話すということがなくなってきました。また、テレビやパソコン、コンピューターゲームなどを通して、画像の中でいい情報も悪い情報もどんどん入ってきます。

幼い子どもたちの脳は、柔軟でさまざまな情報を取り入れ、脳が形成されていきます。その柔軟な脳にゲームやテレビ等の情報を全てインプットしていったらどうなるでしょうか、とても怖いと思います。「ゲーム脳」という言葉があります。子どもたちの柔軟な脳、人間の前頭葉という部分は「我慢する、考える、工夫する、優しさ」という部分が育つそうです。ゲームやパソコン、テレビ、携帯（これらをメディアと総称します）などを操作しているとき、前頭葉は機能していないということが科学的に実証されています。要するに幼児の真っ白な状態の脳に、人として生きるために必要な部分が育たないということになります。これらメディアの発達とともに人の信頼関係がなくなってきたように思います（もちろんこれだけが原因ではありませんが）。

また、ここ最近の便利社会の弊害もでてきているように思います。電化製品や水道、トイレ、電話など、私たちの生活を取り囲むすべてのものが便利になってきました。これは人間の考える力、工夫する力、協力する心、ひいては他人への思いやりの気持ちが奪われているように感じます。

子どもたちが幼い時からこのような環境の中で育っていくと、〝すぐに怒る（キレやすい）、後先を考えずに行動する（突発的）、人に愛情を感じない（人間関係の希薄化）、体が自然に動いてしまう〟子どもたちになってしまう恐れがあります。

親がしっかりと見極め、子どもたちにとってどのような環境がふさわしいのかを考えていかなければなりません。

ゲームやテレビに子育てさせるのではなく、よりよい環境――自然の中で思いっきり遊ぶ、家庭でも会話を大切にする、ゲーム時間を減らす（本当はしないほうがいい）、実体験できる場を増やす――を子どもたちに与えていきましょう。そのことによって良い人間関係も築いていけるのではないでしょうか？

そんな中、最近の子どもたちの行動や話の中で気になることがたくさんあります。先日、二人の子どもが、芝生の辺りで「ここにポケモンがいた。ゲット」「ここには～がいるよ」「あっ、ここにもいた」と、芝生の辺りをうろうろ歩き回りながら、アイスクリームのカップに入れているのです。そうです、ポケモンGOをしていたのです。創造性が身についていいとか、歩き回るので運動不足の解消になるとか、のようなことを言っている人もいますが、心のうちの問題はまったく考えられていません。

すでに世界的にいろいろな問題が出ています。事故で人をひき殺してしまったり、夜中に徘徊《はいかい》して警察に補導されたり。若い人や、いい大人まで、夜遅く公園やスポットでスマートフォンを見ながら無言でうろうろしているのです。まるでテレビで見たゾンビの集団のような雰囲気です。

先日、私の犬の散歩コースを歩いていたら、親子（お父さんと女の子）が携帯を見ながら歩いているのです。しかもずうっと無言で……。ああ、やってるな、と思いながら見ていたのですが、会話がありませんでした。どうなんでしょう。小さいときからインターネットやポケモンのアプリなどを使って、楽しいという感覚を身に着けることで大人になってしまう、ネットの世界から抜け出すことはできなくなるのではないでしょうか。

もうひとつ。インターネットの「ユーチューブが大好きでいつも見ているんだ」と話していた子がいましたが、ユーチューブの感覚と本来持っている子どもたちの感覚には大きな隔たりがあると思います。メディアの世界は大変興味深く、手軽でいろいろな情報が簡単に手に入ります。一方的に入ってくる情報に対して、いい情報、悪い情報と子どもたちは使い分けることはできません。

もうひとつの問題が、最近、親の携帯を、子どもが奪い取るようにして当たり前のように使っているということです。親がそれを見ても何も言わずにゆるしてしまっているという姿をよく見かけます。親のものも自分のものも、一緒になってしまうということ。携帯を使えばそれだけお金が発生するのです。子どもたちはそんなことわかりません。人のものも、自分のもののように勝手に使ってしまうのです。これが日常化してしまったらどうなるのでしょう。「これは親のものだから使ってはだめ」、と断る勇気も必要です（まあ、特に勇気は必要ないけど）。

（「園長のつぶやき」二〇一六年九月）

13　Yの母親の便りより

子ども同士のトラブルは社会性のはじまりです。

もう十何年も前のこと、あるお母さんから手紙をいただきました。子どものトラブルについて書かれていました。そこでの大人のかかわり方。とても感じるところがありましたので、手紙にしてみました。子どもって大人が思っているよりも物事を柔軟に考えるんですね。大切なのは子どものケンカに親がどうかかわるか？　子どもの気持ちをどう読み取って、どう言葉をかけるかだと思います。子どもって意外とさっぱりしているんですね。そして友だちのことをすぐに許す柔軟な心を持っています。木の実幼稚園ではイエス様のお話を聴いています。その中で「ゆるし」ということを学んでいます。

新学期にあたってこれから運動会やさまざまな行事が行なわれます。その中で子ども同士のトラブルもたくさん出てくることでしょう。子どもたちはそのトラブルを通して社会性を学んでいくのです。そして人を許すこと。許されることを学んでいくのです。とっても大切なことですね。

＊　＊　＊

――いつもお世話になっております。今日、延長（預かり保育）の時、ウサギ小屋で戸を閉める時に、S君の指をはさんでしまったそうです。S君の指はだいじょうぶだったでしょうか？　一応S君のお宅へはお詫びの電話を入れました。また、その時のことなのですが、S君はかなり痛かったのでしょう。Yに「ブタのまる焼きにしてやる！」と言ったそうです。そう言われてYは「『ブタのまる焼きにしたら、もうぼくにあえなくなっちゃうの？』って、ぼくの心が言ってた」と話してくれました。「その時泣いたの？」と聞くと、首を横に振って「がまんした」と言いました。「こわかったね。でも泣かないでえらかったね」と言うと、うなずいて泣きはじめてしまいました。ちょうど園を門から出て、車に乗り込んだところだったので、車の中でしばらく抱っこして、泣いて少し気持ちが落ち着いてから車を走らせました。するとすぐに寝てしまいました。「S君はそんなことしないよ」「お母さんがそんなことはさせないよ」「だいじょうぶだよ」「こわかったね」「つらかったね」など言いながら、一緒に泣いてしまいました。帰宅後は姉兄と元気に過ごし、夕食もしっかり食べました。お風呂に入ったあと、「お母さん、S君は今、あしたぼくにあやまろうかなーって思ってるかなあ」と言いました。「そうだね、思ってるかも知れないけど、指が痛くて言えないかもしれないから、Yから先に〝ごめんね〟って言えるといいね」と言うと、「うん」と返事をしました。「でも、言えるかなあ?」という感じの表情でしたが、そのままにしました。

こんな対応でよかったのでしょうか?　明日はどんなふうに過ごすのかなあと思っていますが、何かありましたらお知らせください。――

と、こんな手紙だった。Yが友達から怒鳴られて大きなショックを受けていたのを感じ取り、しっかりと子どもの心に寄り添ってくれたお母さん。大人の感覚で、「そんなこと気にしていたら、しょうがないよ」とか、「言い返せばよかったじゃない」などと突き放したり、「そんなひどいことを言われたのなら私が親に文句を言ってあげる」と怒り出したらどうだったろうか。YはS君のことが大好きなのだ。そんなS君に怒鳴られてショックを受けているのに、Yに親の気持ちをぶつけても逆効果になってしまうのではないか。お母さんがYの気持ちを全面的に受け入れ、心に寄り添って一緒に涙を流したということが、Yにとっては大きな励みになり、「こわかったね」「つらかったね」「お母さんがそんなことはさせないよ」と言ったことは、Yにとっての母親は大きな味方だということを感じたろう。S君は決して乱暴な子ではなく、よく気がつく心の優しい男の子だ。お母さんの言うように、きっと指をはさんで痛かったので、とっさに怒鳴ったのかと思う。お母さんはS君のことを責めるわけでもなく、Yの心を感じ取り全面的に受け入れて認めてくれた。

今、ニュースではいじめによる自殺問題などが取り上げられている。中学生や高校生が連鎖的に自らの命を絶ってしまう。その責任を感じて、校長先生までが自殺してしまうという事態になってしまった。教育委員会や文部科学省にまで自殺予告の手紙が届き、文章で「いじめはやめよう」「いじめは犯罪」「いじめられた時は相談を」などとアピールしているが、はたしていじめや自殺が止まるのか疑問だ。

学校でいじめにあっても「親に心配かけたくないから相談できなかった」という話も、ニュースで伝えられた。子どもたちは幼いときから「頑張って」「やればできるのだから」といわれ続けると、親の期待に応えようと頑張ってしまう。そんな心が、「親に心配をかけたくないから相談できない」となってしまうのではないか。

幼稚園教育に携わる人間として、幼児期の環境が大切だということを多くの人たちに知ってほしいと思う。幼いときに大好きなお父さんやお母さん、あるいは先生や周囲の大人たちにすべてを受け入れてもらえることが大切だ。たとえ失敗しても「私がついているよ」「失敗してもいいんだよ」「私はあなたのことが大好きだよ」と真剣に伝えることにより、子どもたちは「ああ、自分は受け入れてもらっているんだな」と感じることができる。Yのお母さんからの手紙を拝見して、改めて子どもたちの心に寄り添うことの大切さを教えていただいた。心から感謝。

(「園長だより」二〇一九年八月)

第四章　園長が大切にしてきたこと

1　子どもの言うことや、することに意味のないことは何一つない

私はこの言葉をとても大切にしています。子どもたちの心は本当に不思議です。美しい物は美しい。楽しいことは楽しい。つまらない物はつまらない。すてきなことはすてき、と心から思えるのです。感性のすばらしさに驚かされることがいっぱいです。たぶん私たち大人も、幼いころはこのようなすばらしい感性を持っていたのでしょう。いつ頃から忘れてしまったのでしょうか？

幼稚園の保育者として幸せを感じるのは、そんな子どもたちの感性にふれたときです。子どもたちが、物作りに取り組んでいる時。地べたに座り込んで泥団子を作っている時。虫を探している時。花を見ている時。サッカーをしている時。ツリーハウスに登って手をふっている時。探険に出かけた時、その瞬間、瞬間が光り輝いています。でも、子どもたちは泣く時もあり、騒ぐ時もあり、喧嘩もするし、いたずらもします。時には怒鳴りたくなることもたくさんあります。そんなとき、この言葉を思い出すのです。

〝子どもの言うことや、することに意味のないことは何一つない。〟

かしこい知恵

知識と知恵は違います。知恵とは考える力。そのときの状況に応じて判断する力です。幼稚園では考えることがたくさんあります。「今日はなにをして遊ぼうか？　なにを作ろうか」から一日が始まります。楽しいことがたくさんあります。楽しいからやってみたいという気持ちが強くなります。そのことにより意欲を持って挑戦します。できなくても何度も挑戦します。いろいろな工夫をして考えます。友達とも楽しく遊ぶためには工夫（知恵）が必要です。どうやったら楽しく遊べるのか考えます。時には失敗もするでしょう。毎日たくさん遊ぶ中で、子どもたちは段々とかしこい知恵を身につけていきます。これが「意欲」、さらには「生きる力」につながっていくのです。人間として生きていくために必要なことです。たくさん遊びましょう。

友達の気持ちを考える

木の実幼稚園にはいろいろな個性をもった人たちがいます。いろいろな個性の人たちがそれぞれの立場で生活し、それぞれの立場を大切にします。友達のために何ができるのか？　お家の人のために何ができるのか？　困っている人たちのために何ができるのか？　イエス様の喜ぶことって何だろう。そんなことを考えていると、他の人に対して優しくなれます。お友達のことを大切にできます。ハンデ（障碍など）をもっている人たちも友達として自然に受け入れます。木の実幼稚園の子どもたちはそんな子どもたちです。もう君たちはどこへ行っても大丈夫。人として一人の人間として立派にやっていけると信じています。

(「園長からひとこと」二〇二〇年)

2 みんな違って、みんないい

先日、卒園した園児の保護者の方からこんな話を聞きました。小学校の担任の先生から、「お宅の〇〇君は友達のことを平等に見ることができますね」と言ったのだそうです。そう言われた時にそのお母さんは、木の実幼稚園のことをパッと思い出したそうです。木の実幼稚園にはいろいろな個性を持った人たちがいます。でもお互いにその個性を大切にしていきたいと考えています。個性を大切にするということは、そのままの姿を受け入れて認めていくということです。縦割りの保育を通して自分たちと違う人たちがいることに気づきます。そして、その人たちのことを理解して受け入れようとします。時には意地悪をしてしまったり、ケンカをしてしまったりすることもあります。でも、周りの子どもたちが自然と入ってきて喧嘩の仲裁をします。みんなの姿、形、個性は違うけれども、みんなそれぞれがとってもいいのです。友達を区別することはありません。詩人金子みすずさんの詩「わたしと小鳥とすずと」を掲げます。私の大好きな詩です。

私《わたし》が両手《りょうて》をひろげても

お空《そら》はちっとも飛《と》べないが
飛《と》べる小鳥《ことり》は私《わたし》のように
じべたを速《はや》く走《はし》れない

私《わたし》が体《からだ》をゆすっても
きれいな音《おと》はでないけど
あの鳴《な》る鈴《すず》は私《わたし》のように
たくさんな唄《うた》は知《し》らないよ

鈴《すず》と、小鳥《ことり》と、それから私《わたし》、
みんなちがって、みんないい

（「園長からひとこと」二〇二〇年）

3　文字へのこだわり

「こども」ってどう書くの?

「子供」という文字があります。子供の「供」にはどんな意味があるのでしょう?　昔は雨などが降らす干ばつになると、雨乞いなどで供え物をささげたそうです。供《そな》え物の対象にされたのが一番力がなく、弱いと考えられていた子どもたちだったのです。〝子を供える〟というところから子供といわれるようになったと聞いています。これは差別語なのです。子どもたちを一番弱く必要のない存在として扱っているのです。だから最近は「子ども」と書くことが多くなっています。私も「子ども」と書いています。しっかり意識して一人ひとりを人格者として見ることが大切です。

「障害児」の書き方

よく心や身体、知能にハンデを持っている人たちのことを「障害児」と書きます。以前は、知的障害や情緒障害の人たちに対して精神薄弱と書いていました。しかし、精神薄弱という言葉は差別語であるということで、最近は使われなくなりました。身体的、情緒的、知的障害と書きますが、「害」にはどのような意味があるのでしょう。みなさんご存知のとおり害虫や公害、被害など、人間にとってマイナス的な意味で使われます。最近になって、やっとこの意味を考えるようになり、「障碍《しょうがい》児」と書く人たちも出てきました。「碍《がい》」（さえぎる、邪魔をする、という意味）を使ったり、先日の文部科学省からの通知では「障がい児」と初めてひらがなで書いてありました。私はよく「ハンデ」という表現をしています。

これらは些細なことかもしれませんが、このことを意識して関わることは大切です。子どもたち一人ひとりも、ハンデを持った人たちも、一人の立派な人格者です。決して軽く見られたり邪魔にされたり必要でない存在ではないのです。一人ひとりに神様から同じ命を与えられ、同じように愛されているかけがえのない存在なのです。

かけがえのない子どもたちのために日々の保育を大切に行なっていきたいと思います。ご家庭でもこれらのことを念頭に、子どもたちと関わっていただければ幸いです。

（「園長からひとこと」二〇二〇年）

4 非認知能力——主体的に遊ぶ

今、子どもたちが成長するにあたり非認知的能力が大切だといわれています。特に小学校へ進学するためにも必要な能力といわれているのです。でも非認知的能力っていったい何でしょう。認知能力とは覚えたり計算したりする知識のこと、非認知能力は知識以外のことをいいます。なぜ、幼児期には非認知能力が大切なのか皆さんで一緒に考えてみましょう。

「非認知能力」は学歴や仕事など将来の成長に結び付きやすい！

いわゆる早期教育の話を耳にして、「うちの子は何もしなくて大丈夫かしら……」と、心配する保護者のかたは多いかもしれません。読み書きや計算、英語といった知的教育の成果は目に見えやすく周囲と比較しやすいだけに、保護者として敏感になりやすいものです。

しかし、幼児期にどれくらい知的教育に力を入れるべきか、私たちはもっと深く考える必要があります。

というのも、近年の研究では、幼児期の知的教育による効果は一時的に過ぎず、長続きしないことが明らかになりつつあるからです。最初は他の子どもを大きくリードしますが、小学校に入学して学年が上がるにつれて、差が見られなくなることがわかっています。

それでは、幼児期の教育にはあまり意味がなく、ただ遊んでいればよいかというと、答えはノーです。幼児期は、小学校以降の学力の土台となる「非認知能力」と呼ばれる力や姿勢を十分に育てるべきだ、そんな研究成果が世界的に注目されています。幼児期に非認知能力を伸ばすことで、学歴や仕事など、将来の成功に結び付きやすいということがわかってきたのです。

じつは、欧米など世界の先進的な園では、知的教育ではなく、非認知能力を伸ばす教育へと重点をシフトさせています。早期教育に力を注ぐ日本の状況は、国際的には逆行しているといえるかもしれません。

「非認知能力」が育っていないと、小学校で伸び悩むケースも

それでは、非認知能力とは、具体的にはどのような力や姿勢を指すのでしょうか。ひと言で表すのは難しく、たとえば、次のようなものが含まれているとお考えください。

◎目標を達成するための「忍耐力」「自己抑制」「目標への情熱」
◎他者と協力するための「社会性」「敬意」「思いやり」
◎情動を抑制するための「自尊心」「楽観性」「自信」

いずれも大切な力や姿勢だと思われるのではないでしょうか。

非認知能力は具体的にどう働くのか、一例として算数の問題の解き方を学習する場面を想定してみましょう。

〈算数の問題を解くためには、授業の内容を理解したり、公式を暗記したりといった「認知能力」が求められます。しかし、それだけでは不十分で、理解できるまで根気強く勉強を続けたり、友だちと教え合って理解を深めたりといった非認知能力の支えが必要です。学年が上がって努力や工夫が求められるようになるにつれて、非認知能力の支えがなければ主体的に学び続けることができず、伸び悩んでしまう可能性は高まるでしょう。〉

もちろん、非認知能力は学力だけに結び付くわけではありません。生涯にわたって自分を成長させたり、豊かな人間関係を構築したり、人生のあらゆる営みの支えとなります。

目に見える力の育成だけに気を取られないように注意！

ここまでお読みになり、非認知能力がいかに重要であるか、おわかりいただけたでしょうか。たしかに、読み書きや計算などのスキルも大切です。しかし、目に見える学力を伸ばすことにばかり気を取られて、人生の土台となる非認知能力を育てる視点がすっぽりと抜け落ちてしまわないように、十分な注意が必要です。

〝いろんなことに興味を持つ好奇心や目標を決めて粘り強く努力する意欲、他者と力をあわせる協調性、誠実さ。そういった数値化はされないけれども、実生活に大きく関わってくる性格や特徴のことを、教育界では非認知能力と呼んでいます。〟

・非認知能力とは、物事をやり抜く能力や自制心などの人間の性格的なものを指す意味です。

・非認知能力には、学力ではわからない「協調性」「忍耐力」「計画性」など、身体の健康にまで影響するスキルが含まれています。

・非認知能力が高いと生きる力に結びつく！

要するに、人間が成長する（大人になる）にあたって、たくましく生きていくための手段を身に着ける力なのです。子どもたちにどのような力を身に付けさせるのがいいのか、今から考えていきましょう。

どうやって非認知能力を育てるのか

それに関しては、子どもたちの日常の遊びです。

子どもたちの日常の遊びの中にヒントがあるのです。

①木の実幼稚園では森の幼稚園も含め周囲の自然を使って思い切り遊ぶこと。

②コーナー保育で自分のしたい遊びを考えて選べること。

③異年齢の中でいろいろな友達とかかわる体験をすること。

④ツリーハウスや木工など難しい遊びに挑戦できる環境があること。

このような環境の中で、子どもたちは遊びを通して、考える力、工夫する力、我慢する力、諦めない力、友達と協力する力、やってみようという意欲（学び）、主体性、積極性などなどを身に付けることができるのです。

しかも大切なことは、遊びの中で、自分がやってみたいという思いを持って遊ぶことです。先生から言われたからやるのではなく、自分の意志でやろうと思えることが大切なのです。子どもの遊びとはそういうものではないでしょうか？　これを「主体的に遊ぶ」といいます。

子どもにとって遊びって本当に大切なんですね。

木の実幼稚園では毎日の子どもたちの遊びを大切にしています。

（「園長だより」二〇二〇年八月）

5 「叱る」と「怒る」について

私たちは子どもがよくないことをしてしまった時、そのまま見過ごすのではなく、いけないことはいけないとしっかり伝えていかなければなりません。その時に「叱《しか》る」と「怒《おこ》る」を使い分けるようにしています。怒るとは、興奮して気を荒立て感情的になると辞書に書いてあります。自分を見失って感情的に怒るのは、子どもたちにとってとてもよくないことです。私たち大人が冷静になって、子どもの良くない行動を指摘することが必要です。決して興奮して感情的になってはいけないのです。幼稚園では子どもたちに注意をするときは、「怒る」ではなく「叱る」（冷静に対応する）ようにしています。では具体的にどのように叱るのか。

一、子どもの目線まで低くなり、目を見て話すようにする（相手にも目を見てもらう）。時には手を握って真剣に目を合わせる。
二、怒鳴《どな》る（これは脅《おど》しです）のではなく、なるべく静かな声でなぜ悪いのかを知らせる（いきなり「ダメ」「イケナイ」などの否定語は逆効果です）。
三、～です。～してください、等のように、ていねい語を使うように心がける。
ただ怒っているだけでは、子どもの耳には入るけど頭には入ってきません。心に響くような注意の仕方が必要ですね。「怒る」ではなく「叱る」です。

（「園長だより」二〇二〇年）

6　自立ということ

上毛新聞の記事の切り抜きからの感想です。中学生の視力の低下について、日常の生活の中で幼児期からメディアに親しむことを少なくしていけば、大きくなってからもメディアに対するこだわりは少なくなると思います。それには日頃の親の姿勢が大切です。ゲームやテレビの時間を親が制限し、あらかじめ約束させることが必要になってくるでしょう。メディア等のゲームやテレビは、一方的に情報を送ってくるので、子どもが考えて工夫するということをしなくても楽しく遊べるのですね。そのことに慣れると、子どもたちは考えたり工夫したり、努力することを面倒だと感じるようになってきます。
また、成人になっても職に就くことができずに引きこもってしまう人は、大人や家族に依存し、自ら仕事を探そうとせず、自立しようと努力することもしないようになってくるのではないでしょうか。これは自立の問題だと感じます。努力しなくても、家にいれば何とかなると安易に思ってしまうのでしょう。

幼い時から親が先回りして、子どもが考えなくてもすべてことが済んでしまうことはないでしょうか？何でもやってあげることが親の愛情と思っていないでしょうか？　子どもが考え工夫することは生活の中でどのくらいあるのでしょうか。そのような親の関わりが、すべて子どもの自立につながっていきます。自立していなければ職探しも自らやろうとしないでしょう。親が何とかしてくれると思い込んでしまうのでしょう。

小さい時からメディア等に多く触れることで、人とのかかわりが少なくなります。そうすると、人とのコミュニケーションができなくなってきます。それが、就職できず家族に依存してしまう大人になってしまう大きな要因の一つとなるのです。

これらはすべて親の姿勢によるものだと思います。もう一度考えてみましょう。（「園長だより」二〇二〇年）

7　「ありがとう」の言葉——あるお母さんからの手紙を通して

今日は収穫感謝祭を行ないました。例年ですと、普段お世話になっている方々を招待して、子どもたちの手作りの料理を食べていただき、感謝の気持ちを表す行事ですが、今回はコロナウイルス感染拡大により招待はせず、料理も作ることなく、収穫感謝祭の礼拝をして、子どもたちと神様に感謝の気持ちを表すことになりました。

私たちは普段、何気ないことで「ありがとう」の一言を言わずに済ましてしまうことがあります。食事を作ってもらっていること、育ててもらっていることが当たり前のようになっていますが、決して当たり前ではなく感謝することなんだよと、本日、話し合いました。何気ない一言、「ありがとう」てとても大切なんですね。

以前の保護者の方から、卒園の時期にこんなお手紙をいただきましたのでお知らせします。

ある保護者のおかあさんからの手紙

――そうだ、といつも思うのに、忘れてしまう大事な話。忘れてしまうのだから、たいした話じゃないと思うと、とんでもない話。三人目が卒園間近かになって、初めてというか、今頃になって気づきました。思いが激しくて字が追い付かないのでなぐり書きです。

次男が最近字を覚え、手紙をよく書きます。分からない字は聞きに来ます。最初は自分の名前、そしておかあさん、おとうさん、と家族の名前が続きます。そしてそして、次に書きたがるというか、頻繁に書く言葉って何だとおもいます？　「ありがとう」なんですよ。

思い起こせば、長女も長男もそうだった。「おかあさん、ありがとう」とか「おとうさん、ありがとう」なんですよ。「ばか」とか「うんこ」じゃないんです。「ありがとう」なんです。これってうちの子だけ？　他の母たちに聞いていないから分からないけど、結構いるんじゃないかな？　それを最近発見して、先生に言おう言おうって、ずーっと思っていたのに忘れてしまった。こんなに大切なことなのに。言葉の次に、口の次に、伝える手段。手紙で最初に伝える言葉が「ありがとう」ってサイコーにうれしい。この人たちはこんなに小さな身体で、こんなに感謝していたんだって知った時、涙が出ました。「あ」なんてすっごく難しいのに、一生懸命書いてる。「と」なんて簡単なのに「と」(鏡文字)になる。それから語彙が増えてきて、だいたい「長生きしてね(もちろんひらがな)」になる。口では「バカ」って言うし、言われるけど、字では書かない。ある意味不思議。手紙は真っすぐに言葉と向かい合うから、軽々しいことはかかないのかな~。それがうれしくて手紙を書いてしまいました。

卒園準備で何かと忙しいのにすみませんね。しかも、きたない字、覚えたての字を、頭を、フル回転させて、一生懸命書こう、伝えよう、という言葉が「ありがとう」ってサイコーです。木の実幼稚園だからかしらん? 他の子はどうなんだろう。それを伝えたかったんです。親バカ丸出しですが、本当に三人ともいい子です。まあ、他の子もいい子ですが。どんぐり含めて一〇年間、本当にお世話になりました。ありがとうございました。お陰様で、みんな素直でよい子に育ちました。幼稚園時代は「一時期だ」とさんざん言われましたが、「一時期」が続くと結構長いです。でも、一〇年もあっという間でした。いや、長かったかな。いろいろとクレームつけました(クレームじゃない意見を述べたのだ)。でも、一〇年目にして、この大発見ができてよかった。気付かないのはあまりにももったいないから。そんなことでほんとにひどい字です。よめました? ありがとうございました。——

「ありがとう」って本当に素晴らしい言葉ですね。木の実幼稚園で歌っている「素晴らしい言葉」。子どもたちがとても上手に素敵な声で歌っています。改めて意味をじっくりと考えながら子どもたちの歌に聞き入っています。

一、ありがとうって言えたなら　心が温ま〜ってきた
　ありがとうって言えたなら　君に幸せが届くよ
　＊世界中のありがとうが君と僕に届くよ
二、ありがとうって言えたなら　心が優しくな〜てきた
　ありがとうって言えたなら　君に優しさが届くよ。
　＊世界中のありがとうが君と僕に届くよ
三、ありがとうって言えたなら　心が素直にな〜てきた
　ありだとうって言えたなら　素敵な笑顔になれるよ
　＊世界中のありがとうが君と僕に届くよ
　ありがとう　ありがとう　それは素晴らしい言葉

「ありがとう」って魔法の言葉ですね。「ありがとう」が言えればみんなが仲良くなれるのかな？　日本と韓国のぎくしゃくした関係。海外に目を向けるとアメリカの大統領選でアメリカの国が真っ二つに割れてし

まったような状態。各地で行なわれている戦争など。「ありがとう」「ごめんなさい」の一言があれば解決するような気もするのだけど。お互いが素直になれない。「ありがとう」の一言が言えないことから、争いがおこるのかなと感じます。

それぞれの家庭の中においても同じことがいえるのではないでしょうか？

何気ない日常の中で「ありがとう」の一言がとっても大切です。

もう一度私たちの身の回りを見直してみましょう。「ありがとう」の言葉をたくさん使ってみましょう。

そうすればみんなが笑顔になれるのかな。

（「園長だより」二〇二〇年一二月）

第五章　原体験が教えてくれるもの

1　社会が子どもにもたらしたもの

私は、長年幼稚園教師をしている中で、子どもたちの遊びが確実に変化してきているのを実感しています。子どもの遊びと社会情勢の変化については、多くの共通点があります。

まず考えられるのは、ここ十数年の情報社会の発展により、コンピューターや通信機器が一般家庭の中に入り込んできたことです。コンピューターが子どもの遊びの世界にも大きく影響を与えているのです。

最近、バーチャルリアリティーという言葉をよく耳にします。擬似体験（擬似現実）という意味だそうですが、テレビやビデオ、コンピューターゲームなどの画面を通して情報が得られ、しかも精巧な画面から、よりリアルな画像が視覚に飛び込んでくるのです。子どもたちにはだんだんとこの擬似体験が頭の中に入り込み、現実と空想の世界が入り混じってしまう傾向にあるようです。顕著な例として神戸の少年による殺人事件、また大阪でもコンピューターゲームの戦いの場面を再現しようとして、少年が浮浪者を襲うという事件も記憶に新しいことと思います。

このような出来事は、今の情報社会では都会も田舎も関係なく起こります。実際に私の幼稚園がある農村地帯の子どもたちも、コンピューターゲームに夢中になっています。

さらに変化した社会状況といえば、完全な自動車社会になってきたことです。私の住んでいる田舎では、公共の交通網の整備が進んでおらず、どこへ出かけるにも自動車に頼るしかないのですが、自動車に頼りすぎて、「ちょっと買い物に行ってくる」と言っては、すぐ近くの商店にも自動車で出かける始末です。

子どもサイドにも変化が見られるようになってきました。「友達の家に遊びに行くから送って」。親も気軽に「いいよ」。回顧主義になっているというわけではないのですが、私たちが子どものころは、友達の家に行くにはどんなに遠くても必ず歩いて行ったものでした（もちろんそのころは自動車も少なかったし、親も子どもを送る暇なんてなかったようだけど）。歩きながらいろいろ考える時間がありました。「どんなことをして遊ぼうか」「どこへ探検に行こうかな」と。そして、自然があった。友達と森の中へ入り、秘密基地をつくったり、フジツルでターザンをしたり、川をせき止めて泳いだり、遊ぶことには不自由しなかったと思います。もちろんそこには大人がおらず、子ども同士で好きなことができたけれど、自分たちで自由に遊ぶのだから、そこには常に責任と考えることがついて回っていたように思います。

2 自然と一緒に遊ぶとき

私が園長を務めている幼稚園は群馬県の農村地帯にあり、周囲には里山といわれる雑木林が多く残っています。数年前、その里山に幼稚園の野外施設として、六〇〇〇坪ほどの「遊びの森キャンプ場」をつくりました。ログハウス風の小屋と一棟のインディアンティピーを設置。キャンプ場兼子どもたちの遊び場所として開放しています。

幼稚園の子どもたちは「遊びの森」で水を得た魚のようによく遊びます。高さ五メートルはある谷をロープで渡し、滑車で滑って渡る〝谷渡りターザン〟。初めて挑戦する子はなかなかやろうとしません。怖いのです。ためらいながらもまわりの友達からの声援を背中に受けて、思い切って滑り始めると、声にならない悲鳴とひきつった顔で谷の向こうへ。たどり着いたときはニッコリ。その後「またやるんだ」と言ってくり返し滑っていくのです。深さ三メートルほどの谷を木に縛りつけた三本のロープで渡る〝モンキーブリッジ〟や、斜面に沿って設置したコースをソリで滑り降りる〝ボブスレー〟など、自然・地形を生かし、ロープや廃材を使った〝遊具〟をたくさん用意しています。

子どもたちは幼稚園の室内や園庭でも本当によく遊びますが、「遊びの森」へ行くとその姿はさらにすばらしく、輝くものになります。そして子どもたちはどんどんたくましくなっていくのです。木の上にデッキをつけた樹上小屋に登っては飛び降りる子。穴を掘って遊ぶ子。ごつごつのコブがある樹にスルスルと登る

小さな幼虫、みぃつけた！

モンキーブリッジ

谷渡りターザン

木登り

ボブスレー

子。シノ藪の中に入り込み迷路遊びをする子。松ぼっくりや木の枝、葉っぱを拾って遊ぶ子。森の中にはさまざまな遊びがたくさんあるのです。

子どもたちが「遊びの森」から帰ってくると、からだ中、汚れて真っ黒。手には松ぼっくりやドングリ、変な形の枝や枯れたシノの棒でいっぱいになった紙袋をさげている。ポケットの中には小石や小さな木の実がザクザク。夏になると下着姿一枚になってからだ中、蚊に刺され、冬には鼻水をたらしながら、かじかんだ手に棒きれを持って振り回している。この子たちを見ていると、自分の子ども時代の遊びの記憶がリアルによみがえってきて、なんともいえない郷愁に包まれてしまうのです。

3　「やってみよう」と思う気持ち

「遊びの森」での子どもたちの遊びを見ていると、まず危ないことが大好き。洋服を汚す、珍しいものに触る、長い棒を振り回す、走り回ったりころがったりするのが大好き。思わず「ちょっと待って！」と言いたくなってしまうときもあります。

しかし、なかには、このような子どもたちばかりではなく、森の中で動けなくなってしまう子どももいます。「どうして遊ばないの？」と聞くと、「洋服を汚すとお母さんに怒られるんだもん」。また、「ケガをすると嫌だからやらない」と傍観している子。「疲れるからやらない」とロープ遊びや木登りをしようとしない子など、それぞれです。これらの子どもたちの幼稚園での日常生活を見ていても、遊ぶ気力が欠けているように思います。つまり、意欲の欠乏です。

意欲を持っている子は、いろいろなことに自ら挑戦してみようという意志が見られます。子どもは遊びの中で、初めてのことや、危ないことに挑戦するという気持ちを持つことにより、やってみようという意欲を身につけることができ、それをやってみることで、自信を身につけることができるのです。どうやったらうまくできるのかを考えることにより、工夫することができるようになり、また見たことのないものや、珍しいものなどに興味を持って触ってみることで、発見する喜びや好奇心を身につけていくことができます。樹に登ったり崖を登り降りすることによって、体力やしなやかな動きが身につき、危険に対する回避能力も備わってくるように思います。

実際、「遊びの森」では大きなケガはありません。擦り傷や切り傷は日常的にあるけれど、子どもたちはそんなことでは決してへこたれず、ケガをしても先生に手当てをしてもらうとまた遊び始めます。子どもたちは自分の意志で遊び、心から楽しいと思って遊んでいるからだと思います。気迫さえ感じられる、子どもたちの遊ぶ姿なのです。

子どもたちにとって遊びとは、人間としての成長するための基本であり、生活そのものなのだと、私は考えています。

4　からだで覚える物事の「ルール」

しかし、多くの子どもたちの住環境は、自由に自分の意志で遊べる空間がなくなってきているのが現実ではないでしょうか。

コンピューターゲームにしても、決められた画面の中で決められた操作をしていくだけ。友達同士で行なえば同じ画面の世界を共有できるけれど、その中に会話はありません。機械を媒介して人間関係がつくられていくのです。

また、子どもが手足や服などを汚してしまう遊びをしようとすると、大人が「汚いから」と禁止してしまう。棒を振り回そうとすれば「ケガするから」と止められ、包丁を持てば「危ない」と言われる。これでは子どもたちは何が危ないのか、何が汚いのか、何が良くて何が悪いのか、考えることができません。

時々感じるのですが、「自由」の意味について思い違いをしている大人がいるようです。「自由」とはいつ、どこで何をやってもよく、子どものなすがままにしてあげるのが「自由」だと。のびのびと外で遊べば「自由」だと。しかし、これはともすると放任であり、わがままを助長してしまう危険性があるのです。

私の幼稚園では、遊びを中心とした自由保育形態をとっています。子どもたちはあらかじめ用意された、いくつかの遊びのコーナーを選んで遊びます。保育者から遊びを与えられるのではなく、「今日は〜をしよう」と自分でその日の遊びの内容を決めるのです。その中で毎日同じ遊びが続く日もあるけれど、子どもたちは一つの遊びに十分取り組み、満足すると次の遊びへと移っていきます。遊びを十分楽しむことができると、その遊びに対して自信を持ち、次の遊びも意欲を持って取り組むことができるのです。

また、遊びの中にもいろいろな「ルール」があります。友達との「決まりごと」も。これらを無視して自分だけの欲求を出していくと、楽しく自由に遊べなくなってしまいます。不自由になってしまうのです。子どもたちは、自分の自由を認めてもらうために、他の子の自由も認めてあげなければ自由に遊べないことを徐々に気づいていくのです。

5　心とからだで感じることの大切さ

私たち大人がまだ幼いころ、走り回った野山、カブトムシを採った森、魚を追いかけた川など、おぼろげな景色として心の中に残っているはずです（年代が古いかな）。

子どもたちにとってこのような森で遊ぶこと、木登りや穴掘り、木の実拾い、危険なこと、汚れること、ケガをして泣くこと、鼻をたらすこと、虫を採ること、走り回ること、これら全てはバーチャルリアリティーではありません。その周りに山があり、森があり、たんぼがあり、さまざまな風景があります。子どもたちはこのような風景の中に溶け込んで、自分が遊んでいる姿、実際に体験したことを原風景として心に残していくことができるのではないでしょうか。

でも、「都会には自然がないじゃないか」「森なんかないよ」「さらさら小川なんてどこにもないじゃない」

と思われるかもしれません。もちろん開発が進んだ都会に住んでいる子どもたちに、「自然の中で遊びなさい」と言っても無理な面もあるでしょう。都会に住んでいる子どもたちの生活環境を考えてみると、無機質なコンクリートビル。自然とは程遠い整地された公園。にぎやかな商店街。たくさんの自動車……こんな環境では野山で遊びなさい、樹に登ってごらんなさいと言っても、とてもできるものではありません。では、どうしたら子どもたちに原風景を心の中に持たせてあげることができるのでしょうか。

私は、心の中に原風景を持たせることとは、都会の中にいても十分にできることだと思っています。最初にバーチャルリアリティーのことをお話しましたが、画面の中に出てくるリアルな画像が、風景として子どもたちの心の中に入ってくること自体が大変怖いことだと思います。画面の中では視覚・聴覚的な部分だけのかかわりしかありません。実際にそのものに触り匂いを嗅ぎ、目で確かめるという、人間として必要最低限なからだの感覚器官を使って物事にかかわるのと、視覚・聴覚のみで好きなときに好きな画面を取り出せるというのでは、当然、後者のほうが人間としての感覚のバランスが崩れてしまうのではないでしょうか。これからの子どもたちが大きくなったときに、心の中に残っている原風景が、コンピューターゲームの画面や塾、習い事の思い出、テレビのヒーローたちだけではあまりにもさみしすぎると思いませんか。

6　原体験が教えてくれるもの

たとえわずかな時間でも、実際に泥のヌルヌルとした、子どもにとっては気持ちの良い感触や、わずかなスペースに生えている草のフサフサした感触や匂い、高いところに登って遠くを見渡したり、ドキドキしながら飛び降りるとか、友達とケンカして叩かれる痛さを感じるなど、このような経験は公園でも街角でもできるはずです。

そんなとき、お母さんはどのように子どもたちにかかわっているのでしょうか。泥に触れば「汚いからやめなさい」、地べたに座れば「みっともないから、服が汚れるからやめなさい」、高いところに登れば「危ないからやめなさい」、「外で遊ばないで家の中で遊びなさい」——こんなかかわり方をするのでしょうか。それとも、ハラハラドキドキしながら、子どもたちの行動を見守ってあげるのでしょうか。子どもたちが自分で考え、自分で行動して、試してみる機会を与えているでしょうか。

また、お父さんたちはどうでしょう。休みの日になると「疲れた」と家でゴロゴロして、家族に粗大ゴミ扱いされていないでしょうか。子どもたちにとって、父親は大きな存在であるはずです。よく公園などに行くと、父親がビデオを持って子どもを追いかけ回している姿を目にします。これは決して子どもと遊んでいるのではありません。ビデオを撮ってあげることよりも、その時間を使って子どもと一緒に自然の中で遊んでみてはいかがでしょうか。「お父さんてすごいな～」と、子どもをうならせることのほうがとても大切です。よく《おやじの背中》と言いますね。父親が野外において何かモノを作ったり、高いところに登ったり飛び降りてみたりと、子どもにはできないことをやって見せるだけでも、「お父さんってすごい！」と、尊敬の対象になるはずです。

原風景とは、ビデオで撮るものでもなければ、画面の中で創り出されたものでもありません。子どもたちが自分で興味を持ち、自分で考え、自分で試し、自分で遊び、そして体験する。幼いときにこんなさまざまな経験をすることが、子どもたちにとってかけがえのない原風景になるのではないでしょうか。今、私たち大人はこれからの子どもたちに、どのような環境を与えていったらいいのかを、常に意識していくことが大切なのだと思います。

今、これだけ情報化が進み、どこにいても画面からさまざまな情報が入ってくる社会に生きている子どもたち。私たち大人にとって今まで考えられなかった、さまざまな問題行動を起こしはじめています。

その中にあって、幼いときに原風景を心に残していける経験ができる子どもたちは、大人になる過程で、きっと素直にまっすぐ成長できる子どもたちであると、心から信じていきたいものです。

（1〜6＝「赤ちゃんとママ」増刊号、vol.78　赤ちゃんとママ社　一九九九年五月）

7　おやじの背中と心の原風景

初めての長期入院

二〇〇六年五月二〇日の朝、ベッドから起きると下腹がなんとなく痛む。

その日は土曜日の午後、他の幼稚園の新園舎落成式に招待されていた。

式典の後、豪勢な祝会が行なわれ、食いしん坊の私はお腹の痛みを感じながらも調子にのり、たくさん食べてしまった。その日の夜になると痛みが増し、熱も出てきた。すぐに風呂に入り寝床にもぐり込んだが、寝ている間もガタガタ震え悪寒を感じ熟睡できなかった。

翌日、妻に休日当番医の山田郡大間々町（現在みどり市）にある恵愛堂病院につれていってもらった。注射か薬をもらえば大丈夫だろうと甘い考えをしていたら、なんと盲腸（正式には虫垂炎）ですぐに入院が必要だということだ。ひどい腹膜炎をおこしているといわれ、翌日には手術となった。盲腸は病気のうちに入らないといわれていたので、一週間程度の入院で済むだろうと簡単に思っていた。

翌日は、予定より四時間遅れで手術室へ入った。下半身麻酔で意識はあり、腸をこねくり回される圧迫感と恐怖感でかなりの痛みを感じた。お腹を開けてみると思ったよりひどく、虫垂が壊死《えし》している状態で腸にまで届いていたそうだ。虫垂はもとより腸まで部分的に切除することになったが、私のお腹は脂肪分が多く担当医の先生は大変だったようだ。

手術室から出てくると、妻をはじめ家族や親戚まで来ていたのに驚いた。妻と母親がひどく心配し涙を流していたが、心配する理由はわかっていた。私の父親が亡くなったのが四八歳の時。私の年齢が四七歳。数日後には誕生日を向かえ四八歳になるのだ。父親が亡くなった年齢とダブってしまったようだ。その夜は腸に圧迫感を感じ、痛みも伴って眠ることができなかった。妻も夜遅くまで付き添ってくれ心強かった。

手術後一二日間は、飲み水と食事が制限され点滴だけで過ごす。一三日目にやっと流動食になり、どろどろのお粥の上澄みと甘いジュースがでた。入院前には一〇〇キロ近くあった体重も八七キロまで落ち、お見舞いに来てくれる人たちも驚いていた。トイレへ行く以外は寝ていることが多く、暇に任せて園長便りを書こうと思い、妻に頼んでパソコンを持ってきてもらった。デジカメで自分の写真を撮って載せたところ、保護者の方からこんな手紙をいただいた。

――「ママー、見てみて、園長先生がこんな顔になっちゃったよ」と、園便りをみせてくれました。まあ、びっくりするほどスリムになられて、私（母親）は「わー、ステキな先生になったね～」と言ったら、「え～、前のほうがいいよ～」と一言。Kは不満そう。退院したら元（元の体型）に戻ってくれると思っているみたいです。園長先生が入院している間に、「ツリーハウスに登れるようになりたい」と言って毎日登園しています。退院祝いにツリーハウスに登る姿を見せるのが今のKの目標みたいです。それには一生懸命、練習しなくてはできない。というのは、本人が一番よくわかっているみたいです。一人で登れるようになるか分かりませんが、本人のがんばる気持ちを大切にしていきたいです。園長先生の笑顔が楽しみみたいですよ。こんなに園児から愛される園長先生なんて素敵ですね。いい幼稚園に通えて良かったです。

六月八日――

うれしい手紙だ。年のせいか、入院で気がめいっていたのか、不覚にも涙が出てしまった。Kは年少の女の子。とてもおしゃまで口の達者な女の子。私が入院する前からツリーハウスに登ろうと努力していた。今でも頑張っていることを知り、とても嬉しかった。

入院中に子どもたちからたくさんの手紙をいただいた。次の手紙は卒園した小学校三年のNからだ。

――「金子先生、先生大丈夫ですか？　いつも強くて元気な先生がなんで？　びょう気と聞いてびっくりしました。早くたいいんして早く元気になって、また、ぼくは元気でつよい先生に会いたいです。ぼくはいのっています。――

Nは幼稚園にいたころからおしゃべりでおせっかいなところがある男の子だったが、感受性も強く感性豊かな子どもだった。

Nの手紙から強い父親像の必要性を感じた。Nにとって園長は強くて絶対に病気にならない存在だったようだが、園長も人の子で残念ながら病気になってしまった。そのことがNには信じられない出来事だったようだ。

幼稚園ではよく子どもたちと戦いごっこをして遊ぶ。子どもたちが飛び掛ってくるのを芝生の上で投げ飛ばしたり、ひっくり返したりする。子どもたちに遠慮はない。私も遠慮はしない。怪我のないようにうまく投げ飛ばしてやる。そのうち子どもたちも「園長強え〜」「園長には勝てないよ」と、一目をおいてくれるようになる。

森へ探検に行くときも先頭を歩き、木をどかし、飛び越えるだけで「園長すげ〜」となる。ツリーハウスも難なく登り、園庭横の自宅の古い蔵の屋根に上れば、またまた「園長すげ〜」となる。大人の目から見ればなんでも無いことなのだが、子どもたちの目から見ると、これらすべてが「すげ〜」になる。そしてその「すげ〜」が「やってみたい」に変化する。これが意欲の始まりだ。

最近のお父さんはというと、よく公園や遊園地へ行くと、子どもが遊んでいる姿を父親が無言のままビデオで追い回している姿を見かける。はたして子どもと一緒に遊んでいるのだろうか。ビデオに記録として残すのも大事だろうが、それよりも子どもと一緒に体を使ってぶつかりあいながら遊ぶことの方が大切なのではないか。父親が子どもと一緒に遊ぶことで、子どもの記憶の中にしっかりとその場面を刻み込み、風景として残していく。私は小さい時の思い出深い情景を「心の原風景」と呼んでいる。子どもたちが大きくなった時、ふと「この風景なんとなく覚えている。なんとなくなつかしいな」、と幼い時のかすかな記憶の中にも、なつかしさを覚える場面や風景に出会うことがある。心がきゅんとする、なんとなくなつかしい郷愁に駆られるような思いになること、それが心の原風景だ。

心の原風景

子どもたちの周囲にはテレビがあり、コンピューターゲームがある。バーチャルな世界から一方的に与えられる情報が子どもたちを支配し、現実の世界と画面上の世界が混同してしまう。それをバーチャルリアリティーとよぶ。

また、多くの子どもたちが塾や習い事などに忙しい。大人の指示で学ぶことが多く、自ら考える機会が減っている。

木の実幼稚園は農村地帯にあり、周囲を棚田と里山で囲まれている。一歩幼稚園を出ると昔ながらの棚田がある。しかし、農家の継承問題や農業政策の一環で減反が行なわれる影響からか遊休地が目立つ。

一年前にその遊休地を利用して幼稚園のビオトープ池を作った。保護者や地域の人たちの力を借りて、草を刈り開墾をして穴を掘り、水を引き込み在来の生物を導入するため、子どもたちをつれて小川でドジョウを獲り池に移す。

私が子どものころは「めはじき」と呼び、遊びに使ったセキショウモを根ごと引き抜き池に移植し土留めとした。石を小川に入れ流れを作る。子どもたちはそんな作業を遊びとして楽しんでいる。何ヵ月かするとアメンボやオタマジャクシ、タイコウチ、ヤゴなどがいつのまにか入り込んできた。多数の生き物が増える様子に驚く。子どもたちは網とバケツを持って小魚やタイコウチ、ミズカマキリなどを獲って、自慢げに園に持ち帰り観察しては池に戻す。土のあぜ道を歩き小川で遊び、春の暖かい日にはレンゲや日本タンポポを摘み、夏には水が張られた田んぼでオタマジャクシを獲り、スカンポをかじる。秋にはイナゴやトンボを追いかけ、冬の赤城おろしに鼻水を垂らしながらあぜ道を歩く。そんな日常が幼稚園の子どもたちにある。私もふとそんな幼い頃の風景を思い出し苦笑いをする。きっと子どもたちの心にこの風景がいつまでも思い出として残っていくことだろう。それが「心の原風景」だ。

幼いときの遊びを通して自然の中での豊かな体験。ドキドキワクワクの体験。そんな体験の中には、考えること、頑張ること、挑戦すること、思いやることなど、人間として一番基本的な土台を培っていける要素がたくさんある。バーチャルリアリティーではなく、実際に見て、触れて、泣いて、笑って、心で感じる。そんな「心の原風景」を持っている子どもたちは、きっと子どもらしい子ども、人間らしい人間として成長していくことができると信じている。

池で遊ぶ子どもたち

子どもにとって父親とのかかわりも、「心の原風景」につながる。父親と一緒に遊んだこと。父親が自ら一生懸命遊んでいる姿を見ているだけでも、子どもにとっては良い思い出となる。また、子どもにできないことを父親がいとも簡単にやってしまうことで、子どもの目から見ると「すげ～」（すごい）になる。それも大切な親父の背中だ。

子どもが育つ過程で一番影響力をもつのは母親であることは間違いないが、父親の存在も重要な位置にあると確信している。子どもたちの父親像とは、どんなイメージなのか？　戦後数年ころまでは「地震、雷、火事、親父《おやじ》」というように、親父の存在は怖いものだった。囲炉裏を囲む時に親父が座る位置が決まっていて、これを守らなければならなかった。一昔前のテレビコマーシャルで、「父さん元気で留守がいい」といわれるようになり、父親としての権威は失墜した。そのころから少子化が叫ばれ、子どもの出生率が低下してきた。戦後の高度経済成長期における父親たちが仕事に一生懸命で、家庭不在の父親として過ごし、その子ども世代が現在の親になり、さらにその子どもが親になろうとしている時代である。人と人との信頼関係が希薄になり、虐待、不登校、自殺、無差別殺人など対人関係の未熟さからくる事件が後を絶たない。

「遊びの森」で父と子のキャンプ

先日、「遊びの森」で幼稚園保護者の希望者による「父と子のキャンプ」が行なわれた。文字通りお父さんと子どもだけのキャンプだ。持ち物は寝袋とナイフ。例年だと五～六組程度の父子だったが、今年は一一組と多くの人たちが参加してくれた。集合して最初に行なうことは竹の切り出しだ。近くの竹林まで歩いて行き、親子で竹を切りだしてくる。竹でお皿とコップと箸とご飯を炊くための飯盒を作らなければならない。子どもが竹を押さえて、父が竹を切る。竹の飯盒に持ち寄った米を入れご飯を炊き始める。水の量が少なかったのか、うまく炊けない父子が多かった。それでもさすがお父さん。追い炊きをする父子、まあいいやと半生に炊きあがった米を子どもと一緒に食べている父子。そこはキャンプだ。どんなものでもおいしく感じるから不思議だ。鍋の材料を持参してもらい、自分のナイフで切り始める。子どもたちも、ナイフを使って危ない手つきながら野菜を切りはじめる。父親たちは、危なっかしい手つきの子どもたちを止めることなく、見守りながらやらせている。今晩のメインディッシュはマグロのかぶと焼き。大きなマグロの頭に塩だけをふり、一斗缶のオーブンで豪快に焼くのである。誰かが持ってきてくれた新鮮なイカをさばいて、腸《わた》と切り身を竹の器に入れて火にかけると、とってもおいしいイカの沖焼きができた。豪快な男の料理である。それぞれが役割分担でよく働いている。あたりが暗くなったころやっと準備ができる。子どもたちも「はらへった〜」と言いはじめるころ、乾杯をしてキャンプの食事がはじまった。薄暗い明かりの元で焚き火をしながらの食事は格別だ。竹を半分に割ったお皿に鍋の具を盛り、大きなマグロの兜焼きにみんなが群がって食べる。ワイワイガヤガヤとにぎやかだ。普段はしーんとした暗い森の中が久しぶりににぎやかになった。お父さんたちはアルコールも手伝って口がなめらかになってくる。子どもたちはお腹が一杯になる

「父と子のキャンプ」で

と遊びはじめる。暗い夜の森を自由にかけまわる。幼稚園では普段話すことが少ないお父さんたちとじっくりと話せたことは、自分にとっても大きな収穫だ。子育てについてもいろいろと話すことができた。夜もふけ寒くなると、子どもたちも眠くなったのか一人二人と少なくなっていく。キッズキャビンへ行くと、お父さんと子どもが寝袋に入り寄り添って寝ている姿は何ともほほえましい。お母さんがいないので、このときばかりお父さんに頼る子どもたち。

翌早朝から子どもたちは起き出して森の中をかけはじめる。子どもの声に起されたお父さんたちは眠い目をこすりながら出てくる。早速、朝食の用意がはじまる。火をおこすお父さん。まきを集めるお父さん。子どもたちも森の中からまきを拾い出してくる。ビニール袋の中で粉をこねてパン生地を作る。ヘビのように細長くして篠の棒にまきつけて遠火で焼きはじめる。みんな無言でじっと火を見つめながら焼いている姿がなんとなくおかしい。きつね色にこんがりと焼けた「遊ぼうパン」にかぶりつく。最高の朝食だ。

父と子のキャンプを通して、少しでも父子の絆が深まれば幸いだと思っている。そして、「お父さんてすごいな」と子どもたちが少しでも感じたら、このキャンプは意義のあるキャンプになるだろう。

今回の入院を通して、どんな状況の中にあっても前向きに物事を考えることの大切さを学ぶことができた。いろいろな人に迷惑をかけたが、ひとつのきっかけを与えてくれた神様に心から感謝したい。病気といっても傷さえ良くなれば、また元気になれる。同室の人の中には、一生病気を抱えていかなければならない人もいた。自分はまだいいほうだと考えると、これも感謝である。しかし、私も年なので（四八歳、病院の中で誕生日を迎えた）普段の生活を十分気をつけていかなければ、とあらためて反省させられる。今回の入院は人生の転機となるような大切な経験と捉えたい。

二度目の手術から数日たって傷の痛みも消えてきた。まだおなかが吊る感じはするが、だいぶ楽に歩けるようにもなってきた。看護師さんが定期的に傷の具合をみにきてくれ、「傷がきれいになっているね。だいぶ良くなっているよ。うれしいね」と、我がことのようにいってくれることが嬉しかった。

幼稚園の子どもたちに接するときと同じだと思う。子どもたちが悲しいとき、苦しいときに「がまんしなさい」「頑張りなさい」と励ますのではなく、「寂しいよね」「嬉しいよね」「痛かったね」と、子どもの気持ちに寄り添うことが大切だ。看護師さんも同じで、患者の痛みを知り、患者の気持ちに沿うことにより、患者も安心して任せることができる。それが大きな信頼関係につながっていく。

一ヵ月を越える入院では、楽しい交流や学ぶこともたくさんあった。時には、家へ帰ると言って聞かないおじいさんを看護師さんと一緒に説得したり、動けない人のために食膳の上げ下げを手伝ったり、冗談を言い会ったり、私にとってはのんびりと楽しい入院生活だった。痛くてとても退屈なところもあったけど、私のような怠慢な人間にとって、好きな時間に寝ることができたのもその一因かも知れない。

父子そろって野外料理

退院から三ヵ月経った今では、体重は入院前から比べると一七キロ減った。最近は食べ過ぎかなと反省することも多くなってきたが、重ね着をして朝晩の犬の散歩は今でも欠かさない。しばらくぶりに会う人に、「細くなったね。顔が小さくなったよ」「ずいぶんすっきりしたね」と、声をかけられることもしばしば。私としてはもう少し頑張って標準体重まで落としたいのだが。まあ、とにかくリバウンドだけはしないように気をつけていこう（結局のところ、現在は順調リバウンド中。でも頑張って少しでも体重を減らさなければ、と思っている）。

（未発表　二〇一〇年一二月）

第二部

保育と環境【理論編】

第一章

物との関わりと遊び

1　物の概念

(1)物とは

物の概念を考えてみる時に、太古の昔、人類の誕生とともに人間が生きる手段として、物を使うことを始めたことからはじまる。人類が生きるために手に道具を持ち、物を作り出していく生活に関わる物として作られていった。狩猟のための棒や石なども人間が生活する上で必要な物となる。文明の発達により石や木や鉄を加工して物を作るようになり、近代文明の礎を築いていく。現代に入り石油製品が多く作られるようになり、人々の生活は飛躍的に発展し便利になった。さまざまな素材の物が出現し、さまざまな形に加工し、さまざまな用途に用いられるようになった。

そのように物は人間の生活に関わりながら発展し、さまざまな素材の物が現われ、人間の生活を潤してくれるようになった。住居や乗り物はもとより身の周りにある家具、食器、電化製品、道具、衣類、食物、玩具などたくさんの物があり、それぞれの用途に沿って使われている。

乳幼児期より、これらの物との関わりの中で物の性質や用途を知ることで、より快適な生活を送ることができるのである。たとえば、箸の使い方やフォークやスプーンの使い方等は、固形物や液体物などの食物の内容によって使い分けることで、その用途を知ることができる。このように私たちは日常的な生活の中で必要性に応じて物と関わることが多い。

このことにより人間の住む社会は物的に豊かになるが、多くの物があふれかえると、物が余り出しゴミとして扱われるようになった。特に石油製品の普及により、衣類や道具を含め、多くのものが作られ排出されるようになった。このころより、ビニールやプラスチック類などがゴミとして焼却されることにより、ダイオキシン汚染など地球規模の環境問題がクローズアップされはじめる。

私たち日本人にとって、最も身近ともいえる割りばしの使用もその一つである。割りばしの原料となる熱帯雨林地帯の樹木が伐採されることにより、温暖化が進んでいるともいわれる。世界の陸地のうち四分の一は森林といわれている。豊かな森林は空気を作り、水を蓄え、土を作る作用がある。割りばしや紙の使い捨て等、使用を少なくすることで森林の保護にもつながってくる。このように人間の生活が豊かになればなるほど、廃棄物や排出物も増えていく。その結果、物の取扱いに十分な配慮がなされず、地球環境が悪化し重大な問題となっているのが現代である。

今、地球規模の環境を守るためにさまざまな取り組みが世界中でなされている。ケニアの副環境大臣（当時）でもあり、ノーベル平和賞の受賞者ワンガリ・アータイ氏は、「4R運動」通称「もったいない運動」を推進し、その精神を日本にも伝えている。「もったいない」という言葉はもともと日本の言葉であり、私たちがあらためて見直さなければならない大切な言葉であることを認識する必要がある。

私たちが幼稚園や保育園において保育をする時、これらの背景があることを十分に配慮しながら、物と関わっていかなければならない。幼児たちが遊びの中で使う物も、これらの環境に配慮した物の使い方が望ましいだろう。

(2)幼児にとっての身近な物との関わり

では、幼児にとって身近な物とは何を指すのだろうか。最も身近なところでは、家庭の中で使われている物がある。身の周りの衣服をはじめ玩具など、また食事の際に使う食器類、これらは生活の中で最も身近な物になるであろう。

・教材としての物

では、幼稚園・保育園での生活の中ではどうだろうか。幼稚園・保育園での子どもたちの生活は遊びそのものである。遊びの中ではいろいろな物が素材として使われる。また、素材だけでなく、それらを加工するための道具も物として考えられる。

幼児は物と関わり、物をさまざまな形に加工したり、さまざまな色に塗ったり、主体的に物と関わることで創造性や知識等を身につけていく。保育者は意識的に幼児に身につけさせたい心の発達を考えて、物と関わらせるようにする。それを教材というが、教材には人工的な物だけではなく、自然を含めた幼児を取り巻く周囲の環境も対象となる。木々や草花、石や土、動物や昆虫たち、それだけでなく気候（雨、風、太陽、雲など）も教材として考えられる。しかし、気候などに関しては物という範疇を超えてしまうので、今回は触れないことにしておく。

その他、教材として業者から購入した物を使うことも考えられるが、作り方などが決まっており、幼児の創造性や工夫する力を促すことのない物もあるので、しっかりとした選択が必要になる。幼児にどのような教材を与えるのかは、幼児にどのような体験や成長を促したいのか、どのような学びをしてほしいのかなどで違ってくる。教材に関する選びは保育者にとって、とても大切な要素になってくる。できれば幼児が自ら興味を持って考え工夫することができる教材を用意することが望ましいだろう。

また、今日の地球環境的な問題を考えた時に、身の周りにある物を教材として考え、特にごみとして捨てられるような廃材（空き箱やプラスチックの入れ物など）にも着目し、その再利用を積極的に行ないたい。

・自ら物を選ぶことのできる環境

幼児の特性として、遊びの中で物と関わる時、興味のあることや楽しいと思えることがあると、やってみたい、作ってみたいと自分から物に関わろうとする意欲をみせてくれる。物を扱う時、幼児が興味を持った時にすぐに使えることで、さらに物に対しての興味や関心が高まっていく。幼児が遊びに取り組もうとする時、保育者に「先生、これ出して」などとお願いして出してもらうよりも、日常的に道具や物が置いてあるところが決まっており、いちいち聞かなくても幼児が自由に使える環境を整えておくことで、さらに「やってみたい」という意欲を高めていけるのではないだろうか。

その一つの方法として、幼児が主体的に物に関わるためのコーナー保育が考えられる。

・コーナー保育における物との関わり

さまざまな保育形態があるが、子どもたちが主体的に物と関わることができる保育方法の一つとしてコーナー保育があげられる。コーナー保育の特徴としては保育室の中、または園舎全体に遊びのコーナーが常設されていて、教材となる物や道具が常に置かれている状態であり、幼児がそこへ行けば、自分の好きな遊びを行なうことができるというシステムになっていることである。

しかし、この保育については幼児がどのような遊びを経験して、どのような目的を持って成長させたいのか、教育課程の中でしっかりと検討し位置づけていく必要性がある。そしてその物が常に同じ場所に設置され、保育者に聞かなくても自分の思いで使用できるようになっていることが大切であり、保育者はその中でどのような教材（物）が幼児にとって必要なのか、成長の段階を踏まえて定期的に検討していかなければならない。

工作コーナーでは、空き箱やプラスチックのカップ、ロールの芯などさまざまな形の廃材を種類分けして、箱などに用意しておく。幼児がそこへくれば、自由に選んで作ることができるハサミやノリ、テープ、目うちなどの道具もその場に用意し、いちいち探しに行かなくても使える環境を整えておくことも必要である。

絵画コーナーでは絵の具や色鉛筆、マジックペンなどさまざまな色を用意し、幼児が選択して使えるようになっている。

さまざまな大きさの画用紙を用意して、幼児が好きな大きさの画用紙を使えるようにする。また、薄めの色画用紙も用意し選べるようにしておくと、さらに子どもたちの発想が広がっていくだろう。使うたびに保育者に「先生、～出してください」といわなくても、自分の意志で選べる環境を用意しておく。

このようにコーナー保育とは幼児が自分のしたい遊びを自ら選び、主体的に取り組むことができる保育方法である。

〔実践事例1　工作コーナー〕

動物園への旅行をきっかけに、廃材空き箱などで作る動物園作りがはじまった。ひと部屋全体を動物園に見立てて、園児が動物作りに熱中している。

年長児のY男は毎朝登園してくると、工作コーナーで動物を作り始める。動物園で見た動物たちを自分の中で再現しているようだ。

そのうち年長児のS男が、「そういえば動物園にレストランがあったよね」、「レストランも作りたい」ということで、話が盛り上がってきた。翌日、S男は元気よく当園してくると、「先生、レストランの看板作ってきたよ」と嬉しそうにみせてくれる。保育者が「看板を作ってきたの、その看板どうしようか」というと、「これはレストランのところに貼るんだ」といって、早速積み木でレストランの入り口をままごとコーナーに作りはじめる。保育者が「レストランにはどんなメニューがあるの」と聞くと、何か思いついたように、「そうだ、ハンバーグを作ろうっと」といい、「先生、ハンバーグに使えそうなものない？」と聞いてきたので、保育者と一緒に素材置き場から廃材を探す。たくさん置いてあった丸く切ってあるダンボールを探し、「これがいい」というので保育者が茶色の花紙を出して、「これで包んでみたら」と提案すると、「いいねえ、そうする」といって、ハンバーグに似せて一〇個ほど作る。「先生、なにかお皿になる物ないかな」といいながら、廃材の中から入れ物を探し、「これにしよう」とハンバーグが落ちないようにセロテープで止めた。

工作コーナー

保育者が他の色の花紙を用意しておくと、ハンバーガーを作りたいということになり、工夫してハンバーガーも作っていた。その後、ジュースを作り、メニューまで作ってレストランごっこは発展していった。

〔実践事例2〕

年長児のA男とB男が牛乳パックを三個セロテープでつなぎ、台を作る。その上にヨーグルトの小さな空き容器をのせて、お互いに台の端をたたき合っていた。バタバタ叩く振動で容器が動き、牛乳パックの台から落ちる。「やったー、僕の勝ちだよ」「じゃあ、もう一回やろう」と容器をのせてバタバタと叩き合っている。空き容器をお相撲さんに見立てて、容器のお相撲ごっこをしているのである。そのうち周囲に他の子どもたちが寄ってきて応援を始めた。僕も作ってみたい、と何人かの男子が牛乳パックを使って牛乳パックの土俵を作り始めた。

〔実践事例3　絵画コーナー〕三原色の絵の具で遊ぶ

大、中、小、三種類の大きさの画用紙を用意して置いておく。また、白い画用紙だけでなく、うすい色の色画用紙も用意しておく。瓶などの入れ物に赤、青、黄色の三原色をそれぞれ用意し、テーブルの上に設置しておく。それぞれの色専用の筆を用意し濡れタオルも置いておく。

色塗り

A子がやってくると、自分でいろいろな大きさの画用紙を選び、好きな色を塗りはじめる。そのうち色と色とが混ざりあい、変わっていく様子をみて「わー、おもしろい。いろんな色が混ざっていくよ」と、楽しんでいる。A子は色と色が混ざりあうことで新しい色が誕生することの不思議さに気づき、その変化を楽しんでいる。

・ゆったりとした時間や空間の中で十分に物と関わる

幼児が主体的に物にじっくりと関わって遊ぶためには、幼児が自由に遊べる時間の保証が必要になってくる。最近、「今何時」、と盛んに時間を気にして聞いてくる幼児が多くなってきたように感じる。塾や習い事などに通い始める幼児も多くなり、日常生活においても時間に追われる生活になってきているのではないだろうか。

なおさら、園での生活はゆったりとした流れの時間が必要になってくるのではないか。〜時から〜時までは〜の時間、というように、学校の教科のように時間が区切られてしまうと、次にしなければならないことが気になって、集中して遊びに取り組めないのではないだろうか。幼児が集中して遊びに取り組み、物と関わるためには、まずゆったりとした時間の確保が必要である。

クッキー作り

また、それぞれの遊びのコーナーが視覚的に見えることも必要である。そのことにより、遊びが偏《かたよ》らず幼児はいろいろな遊びに興味を持つことができるようになる。できれば狭い保育室の中だけではなく、ゆったりとした空間で、お互いの遊びのコーナーが見られる環境を設定することで、より物と関わることができるようになるだろう。

一つの事例であるが、壁を移動壁で仕切って園舎全体をコーナーに分けて、お互いの遊びが見えるように工夫されている木の実幼稚園の保育を紹介したい。

〔実践事例4　クッキーコーナー〕

幼児は作ることが大好きである。特におやつとして作るクッキーは、みな大好きで自分たちで作るところからはじめる。無漂白の小麦粉を用意し、秤で分量を量る。粉ふるい機で粉をふり、ボールに入れ、マーガリンを加え、水の分量を量り、粉に加えると、しゃもじで交替で練りはじめる。ある程度固まってくると丸く形を整え、麺棒を使い、板の上で薄く延ばしていく。麺棒を転がしていくと、生地が平らになっていくのがおもしろいようだ。それを型抜きでいろいろな形にする。粘土感覚で自分の思い通りの形にする幼児もいる。トッピング材料をのせてでき上がり。あとは鉄板に並べてオーブンで焼くだけである。焼きあがると、クッキーを作った幼児がお当番になり、クッキーが焼けたことを他の幼児に知らせに行く。クッキーの知らせにより各コーナーの片づけがはじまり、園児がクッキーを食べにやってくる。レストラン形式にお当番と保育者が環境を整え、全園児がクッキーを食べる。

2　素材と道具の特性を知る

〔実践事例1　木工コーナー〕

一〇畳ほどのプレハブの木工室にはさまざまな形の木片が棚に用意してあり、「いろいろなかたちのき」、「ほそながいき」、「たいらないた」と表示し、日常的に選んで使えるように設定してある。壁面には金づち（一〇本）、ノコギリ（二本）、ペンチ（二本）、くぎ抜き（二本）が、園児の手の届く高さにかけてあ

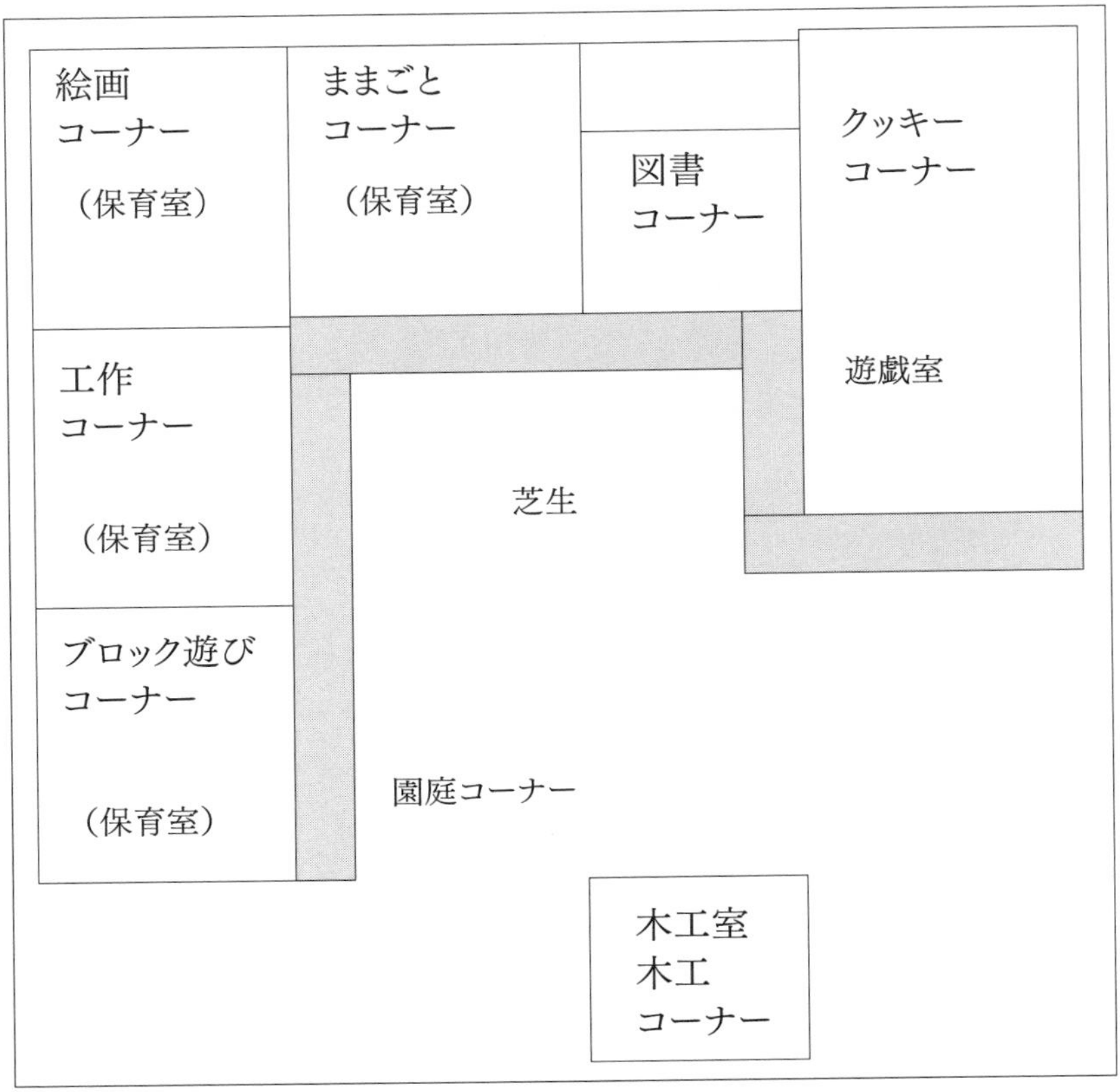

木の実幼稚園のプレハブの木工室（旧園舎：令和元年5月まで）

り自由に使えるようになっている。

また、年長児には電動の糸ノコギリを用意し、教師の指導のもとで使えるようにしてある。さまざまな種類の板を用意し、切り抜くものによって板を使い分ける。

日本のノコギリは歯が内側を向いているので、木を切る時には引く時に力を入れれば簡単に切ることができる。金づちはたたく場所が二ヵ所あるが、殴打面をよく見ると片方は丸く膨らんでおり、片方は平になっている。釘の種類や打ち方によって使い分ける。また、くぎ抜きは、てこの原理を応用すると簡単に釘を抜くことができる。このように道具の性質や物の特性を知っておくことで、スムーズな使用ができる。保育者は、これらの道具を使う時には、その特性や性質を知っておく必要がある。

・キャンプでの食器作りを通して

木の実幼稚園で行なっているキャンプでは、最初に食器作りをする。竹でお皿とコップを作り、お箸も作る。使う道具はノコギリとナタとナイフ。五～六人ごとのグループに分かれ、裏庭から切り出してきた竹を切りはじめる。数人で竹の上にのり、動かないように固定し、一人の幼児が両手でノコギリを持ち、両方に節を残した竹を切る。その竹をナタで半分に割るとお皿の完成である。

ナタで竹を割る時には二人一緒で行なうようにする。切った竹を縦に置き、一人の幼児が両手でナタを持ち、竹の節の中央に置く。それをもう一人の幼児が棒などで上からたたくと、きれい

木工コーナーで電動糸ノコギリを使う

竹をナタで割る

に二つに割ることができる。竹は横からの力には強いが縦の力が加わると簡単に割ることができる。その性質を利用して竹を割るのである。

お箸は竹を縦に細く（一センチ程度）割ったものを二本用意し、膝の上にバンダナなど膝を保護するための布を置き、その上に細い竹を置く。膝とナイフで竹を挟むようにして、ナイフを動かさずに竹を引くと上手にケガなどもなく箸を作ることができる。

これらの作業をする時に刃物を使うので、安全性には十分配慮しなければならない。右のような使用方法は、なるべくケガがないようにするための使用方法であるが、園児によっては刃物を怖がる時もあるので、決して無理をしないことが大切である。まず保育者が道具の性質や物の特性をよく知り、それに合わせて使うことが必要である。

3　園外活動における物との関わり

園外活動における自然の中ではどのような物との関わりがあるのだろうか。木々や草花、石や土、木の実や昆虫など、幼児が興味を引き付けられる物が数多くある。自然の物と関わることで幼児が五感を使う機会が増え、さまざまな感覚と感性が研ぎ澄まされていく。また、考え工夫しなければ自然の中では遊べない。そのことにより幼児は自ら考え、物を作り出していく経験を積み重ねることから、考える知恵を身につけることができる。知恵とは人から教えてもらう知識ではなく、自ら考え工夫していくところから生まれてくる。

自分の実体験を通して身についていくものである。

しかし、知識もまた必要である。幼児は、自然の中でその物と実際に関わり、目で見て、手で物に触れ、匂いを嗅いで、時には食べてみて感動体験を重ねる。その後、興味を持って図鑑や画像などを調べたり見たりする体験を通し、その特徴や名前などを再確認し覚えることができ、生きた知識を身につけていくことができる。

その際、保育者もある程度の知識が必要になってくる。食べたり触ったりすると、危険な物や動植物があり、痛い目に会う。命に関わるような危険も自然の中には存在する。自然の中では、保育者がこのような知識を身につけておくことで、危険から幼児を守ることができるので、知識も必要である。

北欧では「森の幼稚園」と称して一日を森の中で過ごす保育が見直されてきている。ともすると、森の中でただ遊んでいるだけと捉える人も多いかもしれないが、自然の中での遊びは、じつに多くの学ぶべきことがあることに着目したい。

森の中での遊びには危険も付きまとうが、子どもたちは自分の体で五感をフルに使って遊ぶことで、危険に対する対処の仕方や工夫する知恵等を身につけることかできる。森の中にはそれほど大きな力がある。その中にあるさまざまな自然の物を使って子どもたちは生きる力を身につけていく。

＊　＊　＊

森の幼稚園：森の幼稚園は、一九五〇年代半ばデンマークで一人の母親から始まった。園舎も囲われた敷地も備えつけの遊具もない。子どもたちは一年中四季を通しての森の中で枯れ枝や、落ち葉などを使って想像力のおもむくまま自由に遊ぶ。今から約五〇年ほど前、森の幼稚園の生みの親となったデンマークのエラ・フラタウ（Ella Flatau）という女性は、自分の子どもを毎日近くの森に連れていき遊んでいた。それを見た近所の人たちが、当時、幼稚園が不足していたこともあり、「彼女に自分の子どもを預けて一緒に見てもらおう」と考え、自主運営による森の幼稚園がはじまった。その後、ドイツでも三〇〇以上の森の幼稚園ができ、その活動が広まっていった。

4　危険への対応

(1)意欲を育てる遊び

ノコギリや金づち、ハサミなどの道具は危険も大いにともなうが、子どもたちにとってはさまざまな形に加工できるので、魅力のあるものでもある。前述したように、その道具の特性や素材の特性を知っておくと、無理な力を入れずに使用することができるので安全性が増してくる。また、自然の中でロープを使ったり高いところに登ったりすることも、子どもたちにとっては魅力のある遊びである。

これらの遊びには危険がともなうので、保育者は十分な注意が必要である。しかし、危険だからとすぐに禁止してしまうのも考えものである。なぜなら、幼児は危険な遊びをする時に、やってみたいという「意欲」を見せることが多い。危険性のともなう冒険的な遊びを好む幼児は、多いのではないだろうか。いやむしろ、そのような環境をあえて提供する必要性もあるのではないだろうか。

・リスクとハザード

危険には英語で二種類の意味がある。リスクとハザードである。これらの言葉には内容の違いがある。リスクは「自分で気をつければ避けられる危険」の意味がある。高いところに登った時など、自分で十分注意して手を放したりしなければ落ちることはないが、ふざけてしまい手を放したりすると、落ちてしまう可能性が大きくなる。刃物などの道具にしても使い方を覚え、慣れることにより危険の確率は少なくなり、上手に扱えるようになる。そうすると、子どもたちの心の中には「やってみたい」という意識が出てきて意欲に変わっていく。

ハザードは、「自分でいくら気をつけても避けられない危険」の意味がある。たとえば、自然災害などで被災したとか、老朽化した壁や電柱が倒れてきたなど、自分で注意を払っていても、突然に起こってしまう避けられない危険の意味である。園などでは遊具の老朽化による倒壊などが考えられる。これらを防ぐためには日々の点検が必要不可欠となってくるだろう。また、教師側の責任として安全確認や、人数確認をしなかったことによる事故なども決してあってはいけないことである。教師がしっかりと安全確認を行なう必要がある。

このように同じ危険でもその意味が違ってくる。ハザードの危険は保育の中に決してあってはいけないことであるが、リスクの危険はある意味で園の中に取り入れることも必要ではないだろうか。幼児は大人が危険と思う遊びに興味を示す。高いところや、木に登ったり、川など水があるところが好きだったり、さまざまな虫に興味を持ったりなどするが、興味を抱くことが子どもたちの意欲につながっていくのである。

このように、幼児が自ら興味のある遊びに取り組むことで意欲が育っていく。大人の視点から危ないからと禁止してしまっては、幼児のやってみたいという意欲を奪ってしまう危険性がある。時には近くでハラハラドキドキしながら、子どもたちの遊びを見守ることも必要なのではないのだろうか。

このように幼児が興味を持って主体的に物に関わる時、物の性質や特性等にも興味を持ち、さらに工夫を重ねていくことで物に対する愛着を持ち、その関わりがさらに深まっていく。保育者はこのような物の特性をしっかりと理解し、幼児に提供していく必要性がある。そのためには物の特性や性質を学ぶ必要があるだろう。

また、近年における環境問題にも配慮しながら、物と関わっていくことが大切である。保育者のこのような態度は、幼児の心の中にも環境に対する意識を培っていくことができ、将来的に環境に関わることのできる人格を育てていくことができるだろう。

（『保育内容「環境」』第五章　大学図書出版　二〇一八年三月）

第二章　森の幼稚園

幼児が健やかな成長をするために必要とされる生きる力の育成が必要不可欠といわれるが、高度経済成長により各家庭の生活環境水準は格段に上昇し、十分にその恩恵を受けているが、そのことにより社会環境の大きな変化がもたらされている。生活環境の効率化が図られ、便利な生活が当たり前になり、考えて創意工夫するという行為が必要でなくなってきた。日常生活における電気や水道、移動手段における車まで、スイッチやボタン一つでことが済むような現代である。生きる力とは「自分で課題を見つけ、自ら学び自ら考え、主体的に判断し、行動し、よりよく問題を解決しようとする能力」とある。便利な現代社会の環境の中では、そのような能力を発揮しなくても十分生活していけるようになっている。また、幼児期より就学を意識した早期教育を取り入れ、教科的な学びをさせようとする傾向が多くなっているが、目に見える部分において「～ができる。～がわかる」などと、小学校へ行って困難を経験しないように対策をするという傾向が強く、保護者の考えもそのような流れになってきているのは間違いないだろう。しかし、小学校で困難に遭わないように幼児期から対策するよりも、その困難に出会った時、困難に立ち向かうことができる力を身に付けておくことが必要なのではないだろうか。

いま、多くの若者の間でネット環境によるさまざまな問題や事件が生じている、という報道が流れている。メディアの発達により子どもたちの周囲では、バーチャルリアリティー（コンピューターを使って人工的な環境を作りだし、あたかもそこにいるかのように感じさせること）の世界が広がっている。自ら考え善悪の判断をし、反社会的行動を抑制するという自律心の欠如。自らの行動に対して将来を予想することができる想像性（イマジネーション）や自意識の欠如。さまざまな困難に対して、主体的に関わろうとする意欲や問題解決意識の欠如。人とのかかわりを大切にするコミュニケーション能力の欠如。そして無気力、無関心などがあげられるのではないだろうか。

では、そのような現代社会に生きている幼児にどのような環境を与えることが、生きる力の育成につながっていくのか。ここでは幼児が自然の中で行なわれる実体験を通して、五感をフルに使ってさまざまな体験をすること。特に日常的に使っている視覚だけでなく、その他の感覚を使うことの重要性に着目してみた。そこでさまざまな団体等によって行なわれている「森の幼稚園」活動を取り上げ、その中で行なわれている幼児の実体験が、どのように生きる力につながっていくのか考察していきたい。

1　森の幼稚園（Waldkindergarten：ドイツ語）

森の幼稚園とは特定の幼稚園の名称ではなく、雨の日も雪の日も森での活動を行なう幼稚園全体を指している。一九五〇年代の半ばデンマークの一人の母親エラ・フラタウが、子どもたちに幼いころから自然と触れ合う機会を与え、自然の中でのびのびと遊ばせたいという願いから、自分の子どもと共に近所の子どもたちを預かり、森で遊ばせることからはじまった。その後、親主導の「stovbomehaven：デンマーク語で森の幼稚園」が設立された。その後、ドイツやスカンジナビア半島全体に森の幼稚園活動は広がり、一九六八年、ドイツで最初の森の幼稚園ができたそうである。その後、爆発的に広がっていき、二〇一一年八月現在で四九六園「森の幼稚園」が存在している。森の幼稚園には二種類あり、園舎を持たず毎日森へ出かけて遊ぶ幼稚園と、基点となる園舎があり屋外活動の一環として森での保育を行なうところである。また、日本においては森の幼稚園に関する著書はまだ少なく、一九九五年刊の石亀泰郎写真集『森のようちえん』（宝島社刊）が最初であり、デンマークの森の幼稚園を紹介している。石亀氏はその後、『さあ、森のようちえんへ――小鳥も虫も枯れ枝もみんな友だち』（一九九九年　パルス出版刊）という写真集を出版している。二〇〇二年以降、森の幼稚園に関する論文等も発表されるようになり、二〇〇三年にはドイツ在住の翻訳家であり、環境ジャーナリストの今泉みね子氏とアンネッテ・マイザーによる『森の幼稚園・シュテルンバルトがくれた素敵なお話』（二〇〇三年　合同出版刊）の中で、幼児が森の幼稚園に参加する中で成長していく過程をものがたりとして紹介している。

2　「森のようちえん」の表記と理念について

岐阜大学教育学部准教授（当時、現在教授）の今村光章氏はその編著書『森のようちえん　自然のなかで子育てを』（二〇一一年 解放出版社刊）の中で、日本における「森のようちえん」に関する研究で、「森のようちえん」という表記について考察している。先の今泉みね子氏らの著書には「森の幼稚園」と漢字で記載されているが、「森のようちえん全国ネットワーク」を中心に「森のようちえん」と表記されており、今村氏によると「森のようちえん」という表記は、日本において子どもたちが読めるように平仮名にしてあるということ。さらに、日本においては「森のようちえん全国ネットワーク」の影響が大きく、そのホームページによれば、日本語の「森のようちえん」とは「自然体験活動を基軸にした、子育て、保育、乳児・幼少期教育の総称」と定義付けられている。さらに「森のようちえん」は、学校教育法による幼稚園だけでなく認可保育所や認可外保育所、託児所、学童保育、自然学校、育児サークル、子育てサロンや子育て広場なども含まれるという。その中で「森の幼稚園」と漢字で表記すれば、学校教育法による幼稚園と混同される恐れがあるということで表記を平仮名にしているそうである。また、漢字に比べて平仮名のほうが柔らかい感じを与え、「森のようちえん」も柔軟で優しいといったイメージを与えるため、平仮名表記が好まれているとも考察している。しかし、ドイツ語ではwald（森）kindergarten（幼稚園）と表記されているため、漢字で幼稚園でもかまわないと思われるが、平仮名表記は幼稚園以外の施設や団体への配慮も含まれているのではないだろうか。ここではあえて「森の幼稚園」と漢字表記で述べることにする。

3　日本における森の幼稚園の類型

日本の「森の幼稚園」としてはさまざまな団体が活動しているが、次の理念を掲げて「森の幼稚園」は運営されているところが多い。①自然と親しむ。②遊びこむ。③自主性を養う。④友だちや大人、動植物とかかわる。⑤保育者と保護者がありのままの幼児の姿を受け入れ、幼児の育ちを信じて待つ姿勢を重視すると共に育ちあう、とある。また日本においての森の幼稚園は大まかに三つの類型に分かれている。

日本における「森の幼稚園」の類型

①通年型森の幼稚園

特に園舎を持つことなく毎日森に出かけ一日を過ごす。自主保育も含まれ保護者も保育者と共にかかわる内容。この活動を行なう団体そのものを森の幼稚園として捉えている。

②融合型森の幼稚園

基点となる園舎を持ち、幼稚園生活の大半は園舎を中心に過ごすが、幼稚園生活の中に積極的に野外で遊ぶ時間を取り入れる。カリキュラムの一環として森の幼稚園を保育活動として捉え、月に数回とか週数回というように定期的に保育の中に取り入れている園が多い。

③行事型森の幼稚園

ＮＰＯ法人等が運営し、森の中での活動を非日常的として捉え、月に一度や週に一度などイベント的に森などの野外へ出かけていって行なわれることが多い。森の幼稚園を自然体験のための手段として捉えている。（参照：今村光章編著『森のようちえん　自然の中で子育てを』二〇一一年　解放出版社）

4　ドイツの森の幼稚園（Waldkindergarten）

ドイツの「森の幼稚園」は大きく類型すると、通年型と融合型の二つに分けることができる。ドイツのボン市にあるラウプフレッシェ（Laubroesche）という森の幼稚園の例を挙げると、通年型で園舎の施設は持たず、広域にわたる国や市、個人が所有する森林の中で許可を得て活動している。ボン市郊外に位置するシュバインハムの森の中でも活動を行なっているが、吹雪や大雨など緊急避難時には、バウワーゲンというコンテナのような小さな倉庫兼隠れ家があり、教材やテントなどが保管されている。

朝、八時過ぎに森に集合して最初は草の上で輪になり、一日の開始の歌を歌ってからお絵かきがはじまる。そこでは数や地図の勉強をしたり、木片に点描画を画いたりなどの集団遊びが展開される。集合地点での活動が終わると、リュックを背負って遠足のように次の場所へ移動していく。小さな荷車には必要最低限の荷物が入っていて、保育者たちが引っ張っていく。移動の時には保育者が先導するのではなく、子どもたちが主体的に歩いており、さまざまな発見を楽しみながら歩いていく。そこでは、自然にかかわりながら五感を使って楽しんでいる子どもたちの姿が見られる。朝ごはんのお弁当を食べて、一一時三〇分ころには帰る用意をして森の中を抜け、保護者が迎えに来ている場所まで戻って解散になるそうである。（参照：山岡テイ著『多文

化子育て』二〇〇七年　学習研究社）

5　日本の森の幼稚園

国内においては、二〇〇五年より「森のようちえん全国フォーラム」が開催され、二〇一一年「森のようちえん全国ネットワーク連盟」が結成された。

しかし日本の幼稚園では、学校教育法において園舎の設置義務があり、園舎のない幼稚園の設置認可が難しいことから森の幼稚園を名乗る園は少なく、ＮＰＯ法人や保育園、託児所、学童保育、自主保育、自然学校等もその活動に加わっている。日本で一番最初に森の幼稚園活動に取り組んだとされているのは、長野県飯縄高原にある学校法人いいずな学園の内田幸一氏（現「森のようちえん全国ネットワーク」運営委員長）が運営している森の幼稚園である、といわれている。

(1)ＮＰＯ法人による行事型森のようちえん活動

群馬県前橋市の赤城山南麓にある国立赤城青少年交流の家周辺を主な活動場所にしているＮＰＯ法人赤城の森のようちえん（二〇一三年七月、ＮＰＯ法人として認可）について紹介したい。活動主旨としては幼児・青少年の自然活動に関する事業とし、不特定かつ多数の者への体験活動の提供をするとしている。活動内容は近隣市内の幼稚園、保育園を対象として、日帰りから一泊までの期間で森のようちえんとしての自然体験活動をしている団体である。主な一日のプログラムは左記のとおりである。

10：00　到着　導入
10：15　森の散策
10：40　木登り体験
11：30　お弁当
12：30　森遊び（森の中で自由な発想で遊ぶ）
13：30　終了　着替え等の身支度
14：00　出発

幼児のみならず、小学生や青年向けの自然体験活動も行なっているNPO団体である。全国各地ではこのような活動を行なっている団体が増えてきて、自然体験活動の大切さが徐々に見直されてきている。

(2)融合型森の幼稚園

群馬県前橋市粕川町にある私が園長をつとめる木の実幼稚園では、カリキュラムの中に森の幼稚園活動を組み込み、さまざまな保育形態とともに自然体験活動が、重要な位置を占めている融合型森の幼稚園である。年間行事計画に組み込まれ、毎月二回の森の幼稚園活動では、自然体験を通して生きる力の育成を目指している。木の実幼稚園における保育の理念として、①挑戦する意欲、②人との信頼関係、③思いやりの心、④命を知る、⑤我慢する心、⑥考える力、⑦目的意識の七つを掲げ、教育目標としている。

平成八年（一九九六年）六月に園児の探検遊びがきっかけで、徒歩一五分程度で行ける里山に、野外教育施設として自然体験場をつくり、子どものための遊び場とした。敷地は二万九八〇〇平方メートルで、広い森の中には広葉樹である雑木林を中心に、針葉樹の松林や杉林などもある。施設はキッズキャビンと名づけた一階部分が一六畳ほどの広さで、二階ロフト部分が一〇畳ほどの木の小屋がある。その他インディアンティーピー、雨をしのぐための東屋、簡易トイレも備えてある。電気は通っているが、水道はないのでポリタンクなどで水を運ぶことによって水の大切さを学ぶ教育的効果もある。

地形は起伏に富んでいて坂道や崖などが多くあり、子どもたちは自由にその中で遊びまわる。樹間を利用し、ロープ等でつくった冒険的な遊具やツリーハウスを設置し、大人から見ると危険要素もあるが、子どもにとっては挑戦意欲をそそるような内容の遊具である。この里山を森の幼稚園として使用するだけでなく、毎月二回、第二・第四日曜日に冒険遊び場として広く一般にも開放している。ともすると森の幼稚園は、ただ遊んでいるだけと思われがちだが、就学前教育としてはもちろん、人間として生きるための基礎をしっかりと学ぶことができるといわれている。実際に森の幼稚園活動の中でどのような学びがあるのか、木の実幼稚園の森の幼稚園活動から考察してみたい。

高床式ハウス

・感性（sensitivity）

木の実幼稚園での森の幼稚園は毎月二回行なわれる。朝、登園して全園児が集まると、すぐに身支度をしてお弁当を入れたリュックを持ち、門の前に並ぶ。なるべく年長児が年下の子どもと手をつなぎ一五分ほどの道のりを一緒に歩いていくのだが、草花や虫たちを探しながらだらだらと歩いていくので、時間がかかることもある。しかし、そこにはさまざまな発見があり、驚きがあり、不思議がたくさん隠れているのである。さまざまな形をした木の根っこが落ちていたり、大きな葉やいろいろな色の葉、枯れた木の枝、ドングリや松ぼっくり等の木の実、不思議な色の虫やキノコたち、きれいな花や匂いのする花など森には子どもたちにとって魅力のあるものがたくさん存在している。森の幼稚園からの帰り道、子どもたちの両手は木の枝や葉っぱで持ちきれないほどになり、ポケットの中には木の実や石ころなどがぎっしりと詰まっている。大人からするとただのガラクタだが、子どもたちにとっては素敵な宝物になる。子どもたちは寄り道をしながら自然と関わることで、ますます自然に対しての感性を磨いていくことができる。レイチェル・カーソンが著書『センス・オブ・ワンダー（不思議さに驚嘆する感性）』（レイチェル・カーソン著　上遠恵子訳　一九九六年　新潮社刊）の中で「知ることは感じることの半分も重要ではない」と言っているように、子どもたちは自然の中で五感を通して感じることで、自らの感覚をさらに鋭くしていくことができる。夜の森へ入ると、森の奥では何かうごめいているような感覚に陥ることがしばしばある。また、驚くような自然の色や自然の形に出会ったとき、何でだろう、不思議だなあ、と感じる心。そして驚きの心。何か大きな力がそこに働いているような感覚。子どもたちはそのような感覚に陥った時、真に畏れを感じるのである（畏敬の念）。この畏れは子どもたちにとって大切な感覚で、自然に対して好奇心を持つようになり、好奇心が探究心に変わり、意欲へと発展していくのである。そしてすべてのものに「ありがとう」という感謝の気持ちを持つことができる。まさに『センス・オブ・ワンダー』はこのことを言っているのである。

・自由の中の規範意識（model awareness in the freedom）

「遊びの森」に到着すると保育者から話を聴き、その合図により、それぞれ好きな遊びを探して森の中へ散らばっていく。森の中では決められた遊びがないので、それぞれが思い思いの遊びを探しはじめる。ここでは創意工夫が必要になり、子どもたちは遊びを創りだすという創造性を身に付けていく。また、遊びの森の敷地だけでも六〇〇〇坪、その周囲も広い森なので、自分勝手に遠くまで行ってしまうと危険性も大きくなる。そこで保育者との事前の約束が必要である。「先生たちの声の聞こえないところまではいかないこと」と約束をすることで、子どもたちはとんでもなく遠くまで行ってしまい、迷子になることはない。このような約束事を作ることで、規範意識をもって自由に遊ぶことができる。

自由とはそのようなものであり、決して自分勝手とは違うのであるが、自由と自分勝手の違いを混同してしまい、自由とは放任であると同義付けてしまう人も少なくない。子どもたちはある程度の規範意識の中で、自らの意識や行動をコントロールしていくことで、自由に活動することができると考える。森の中には起伏に富んだ地形を利用し、ロープでつくった冒険的な遊具も多くある。危険性もあると感じるが、子どもたちには大きな怪我はない。あえて危険な環境の中に身を置くことで、危険に対する自己防衛能力が身につくようだ。切り傷、擦り傷は毎回のようにあるが、大きな怪我は今まではなかった。

森の幼稚園では、このように子どもたちの自由と遊びが保障されなければならない。大人目線から見ると、危険なことに対して子どもを遠ざけようとする傾向が強くなり、危ないからということで子どもの遊びは規制され、禁止事項が多くなってくることが多い。そうなると子どもたちは大人の目線を気にしはじめ、自ら取り組もうという主体性がなくなり、意欲の欠如が見られてくる。しかし、大きな怪我をされても困るわけである。冒険的な遊びを保障するためには、危険の意味をしっかりと捉えていなければならない。

6 危険の意味を知る

森はさまざまな自然があり、子どもたちにとってとても楽しい活動の場であるが、危険も多くある。その危険を避けようと思ったら、森の中での活動はできない。そこで危険の意味を知り、危険に対する知識や対応方法も、保育者としては知らなければならないのは当然である。英語では危険という意味の言葉に「リスク：risk」「ハザード：hazard」の二種類がある。リスクは自分が気をつければ避けられる危険の意味があり、ハザードは自然災害や老朽化などによる突然の倒壊など、自分が気をつけても避けられない危険の意味がある。

森の幼稚園活動におけるリスクとは、木登りで木から落ちないか、崖や樹木から降りたりするときに怪我をしないか、穴に落ちないか、棒を振り回して人に当たらないか、などの危険のことである。しかしこれらは、十分に意識して自分自身が気をつけて行動すれば避けることができるリスクであると思う。そのためには自分だけでなく他人の存在に気づき、相手に対しての配慮や物事に取り組むための技術、行動するときの注意力、危険なものや事に対する知識なども必要になってくる。リスクについては、遊びや森などでは自分が気を付けて遊べば避けられる危険のことであり、子どもたちにとってはやってみたいという意欲を身に付けるための危険であることを知っておきたい。リスクの危険がともなう幼児の遊びについては、ある程度必要であると考えている。しかしそれには保育者の十分な準備と知識、見守りながら幼児とかかわる配慮や観察力、及び危険を見分ける洞察力が求められる。

ハザードの危険は自然災害など、いくら気をつけても避けられない危険の意味であり、遊具の老朽化による倒壊なども、ハザードの危険として考えられる。そのためには遊具等の事前点検や定期点検が必要になってくる。また、がけ崩れや急流の川、荒れた海などでは危険が予想されるため制限をしなければならない。ハザードの危険は、保育の中に決してあってはいけないことであり、遊具の定期的な安全点検や危険個所の把握などをしておく必要がある。

〔事例1　〔谷渡りターザン〕〕

谷を通る木と木の間にワイヤーロープでつないだターザンロープがある。滑車につけたロープにつかまって、高さ六メートル、幅一五メートル以上の谷を渡っていくのであるが、高さがあるため勇気がいる。初めてターザンロープをやろうとしているA男は、台の上に立つとあまりの高さに足がすくんでしまってやろうとしない。周囲の子が、「大丈夫、頑張って」と励ますが、なかなかできない。しばらく考えて、思い切ったようにロープにつかまって足をぱっと離すと、スルスルと勢いよく滑りはじめた。「わー」という声にならない叫び声をあげて向こう側にたどり着くと、こちらを振り返ってニコッと笑い、「もう一回やる」と言って、自分でロープを引っ張って戻ってきた。それからは何度も楽しそうに取り組んでいた。A男は、最初は怖くてなかなかできなかったが、友達の声援を受け思い切って飛び出すことでターザンロープの楽しさと自信を身につけたようで、その後自信を持っていろいろなことに取り組む姿が見られるようになった。

谷渡りターザン

［事例1］のように困難なことに思い切って取り組むことで、その成功体験により達成感を感じ自信を持つようになる。その自信が次への活動意欲となり、さらに成功体験を重ねて、苦手なことにも積極的に取り組もうとする主体的行動がみられるようになってくる。それが意欲となっているのである。ターザンロープは、大人から見ると高さもあり落ちたら怪我をするという危険性があるが、ロープを持った手を離さなければ怪我をすることなく達成感を得ることができるのである。これがリスクの危険である。このように困難を乗り越えることで大きな自信につながると思われる時は、ハラハラドキドキしながらも、見守ることが必要である。

「日本冒険遊び場つくり協会」副代表の天野秀昭によると、子どもたちの好きな遊びの特徴としてAKUがあげられる。これは、A：あぶない、K：きたない、U：うるさい、の略をアルファベットで表したものだが、子どもたちの主体的な遊びにはまさにこのような要素が含まれている。大人から見ると、これらの行為は悪（AKU）になるので、制限されてしまうことが多い。しかし、子どもたちの意欲的な遊びを保障するためにはこのようなAKUの要素も必要になってくるのである。

7　時間と自由の保障（the securing of liberty）

また、もう一つ保障されなければならないものが、時間である。森の幼稚園での一日は、森に到着してから遊びはじめ、お昼になると一度集まり、各自の好きなところでお弁当を食べる。そして食べ終わると各自でごちそうさまをしてから遊びはじめ、午後二時までに幼稚園に戻らなければならないので、一時半ごろには片付けて集合し森を後にする。日常の生活の中ではどうしても時間に制約されてしまうことが多い。そうなると子どもたちは時間を気にしてしまい、遊びに集中することができない。ゆったりとした時間が保障されることで、時間を気にせず遊びに集中できるようになるのではないだろうか。そのような環境の中で子どもたちには物事に取り組む意欲と集中力が育っていくと考える。しかし園に帰る時間が近づき、準備をはじめると、子どもたちから「もっとあそびたい」という声が発せられることもしばしばである。カリキュラムの中での時間の制約を感じてしまうことも事実である。子どもたちの「もっと遊びたい」という叫びは、遊びに対する意欲の表れであると思っている。

8　五感（the five senses）

森の中では、さまざまな実際体験をすることができる。実際に見て、触って、においを嗅いで、食べて、音を聴いてということが実現できるのである。子どもたちはこのような体験を通し、ますます感性を身に付けることができると考えている。実際に、森の中で五感を使うとはどのようなことなのだろうか。

・視覚（the senses of sight）

「遊びの森」は雑木林で、四季の移り変わりがはっきりとしている。春は新緑が眩しいほど気持ちよく、山桜の花が真っ白に咲く。夏は緑が濃くなり、エゴの木の花が地面に落ちて真っ白な絨毯のようになる。秋には紅葉で黄色や赤色に色づき、真っ赤な毒々しい色をしたキノコも至るところで見ることができる。冬には木の葉が落ちて、森の色が一気に暗くなる。その中にあってもすでに小さなつぼみがついているのを見ることができ、命の存在を感じとることができる時期でもある。

・触覚（the senses of touch）

森には不思議なものがたくさんある。山ナメクジは大人の親指の二倍ほどの大きさになり、触ってみるとぬめぬめとした感触が何ともいえない。秋になると山栗がたくさん落ち、イガを触ろうとするとちくっと痛い目にあう。また、地面に落ちた大きな朴《ほお》の葉はカサカサでうちわ代わりに使うこともできる。沢の水は夏でも冷たく、とても気持ちいい。その中に生息している沢蟹を捕まえることに、子どもたちは夢中になる。また、沢沿いの土は粘土質のものが多く、ドロ団子にするととても上質のドロ団子ができる。冬の森の道は霜柱が多く、ザックザックと踏みつける感触も楽しい。

・嗅覚（the senses of smell）

子どもたちは「森のにおいがする」とよく言う。特に森に匂いがあるわけではないが、よく考えてみると森の匂いとは、春の新緑の中にいると気持ちよいさわやかな雰囲気。夏にはむしむしとした感覚。その中に風が通ると、とても涼しい感覚。秋の紅葉の色や落ち葉の香りや、キノコなどの菌類の匂い。冬にはキーンとした張りつめたような寒さ、森ではよく焚火をするが、その煙の匂いなどを「森のにおい」と表現している子もいる。このような雰囲気（感覚）を匂いと表現しているらしい。

・味覚（the senses of taste）

森にはさまざまな味覚を刺激するものがある。春には山菜であるタラの芽、ヨモギの葉っぱなどを収穫して、その場で天ぷらにして食べる。夏になるとモミジイチゴの実がたわわに実り、甘酸っぱい味を楽しめる。秋には甘いアケビの実がなるが、高いところに実がつくので、子どもたちが採るには難しい。濃い甘さの中にもわずかな苦みと青臭さがあるため、子どもにはあまり人気がない。また山栗がこのころになると落ちはじめ、こりこりした食感も楽しめる。何となく甘みを感じ、市販の栗より味が濃いように感じる。晩秋になると、原木にシイタケ菌を植えてあるのでシイタケの収穫もできる。たき火でシイタケを網の上で焼くと香ばしく、キノコ嫌いの幼児でもおいしそうにかぶりつく。森の入口には放置された桑の木があり、春になるとブドウの房のような桑の実をびっしりと実らせる。甘いその実を口にした子どもは、一目瞭然だ。口の周りや口の中、手などが紫色に染まっているから。

・聴覚（the senses of hearing）

森にはさまざまな音がある。さまざまな鳥の鳴き声、夏には蟬の鳴き声がうるさいほど聞こえる。夕方の五時ごろに必ず聞こえてくるのが、ヒグラシの鳴き声である。しばらくすると鳴き止み、朝方四時ごろに再び鳴き出す。日中はアブラゼミやミンミンゼミの鳴き声で森がおおわれる。静かな日に耳を澄ますと、ざわざわと風に揺られる木々の擦れあう音や、小川のせせらぎが聞こえてくる。時々、コンコン、コンコンと何かをたたくような音が森に響くが、これはコゲラが木の幹にくちばしで穴をあけている音である。キャンプの時など、夜になるとギ～という鳥の鳴き声が森に響き、ちょっと不気味な感覚を覚える時もある。

9　森の幼稚園での遊び

里山を利用した森の幼稚園活動としての遊びは、さまざまなものがあるが、園庭の固定遊具のように決められた遊びはなく、園児自身が工夫したり考えたり、感性を使いながら遊びを作り出していかなければならない。その幾つかを紹介しよう。

◎手作り遊具を使った遊び

私が大学生と一緒に作ったロープを利用した手作りの遊具が、森の中に点在している。敷地の中央に谷があり小川が流れているが、その谷を利用してロープで作った高さ四メートルほどの谷渡りターザンや、三本のロープで作ったモンキーブリッジ、また樹木の間を利用して高さ三メートルほどのところに大きな網を貼りめぐらした、空中ハンモックなどがある。また木の上に作ったツリーハウスや、高床式の観察小屋など手作りの小屋も設置され、子どもたちは秘密基地の感覚で子どもだけで遊んでいる姿が見られる。これらの遊具は大人から見ると危険だと思わせる高さにあるが、子どもたちはこの高さが大好きである。

空中ハンモック

◎探検遊び

子どもたちは探検遊びが大好きである。ただ森の中を歩き回るだけであるが、道のないびっしりと繁茂した篠藪を掻き分けながら歩く（藪こき）だけでもいろいろな発見があり、声を掛け合いながら先頭を見失わ

木登り

ないように歩くのである。幼児の背丈以上に成長し、視界をさえぎるほどの藪を掻き分けて歩き、四五度ほどの斜面を上り下りしたりすることは、幼児にとっては困難な体験であるが、開《ひら》けた場所や知っている道に出ると、今までの緊張感や閉塞感から開放され、「もっと行きたい」という声が聞かれる。この遊びは異年齢で行なうことが多いので、その場合は年長児が列の先頭と最後尾を歩いて年下の幼児の面倒を見ながら探検をすることを、約束としている。任された年長児は責任感をもって行動でき、年下の子は年長児や教師に守られ、援助を受けているという安心感を持つ。異年齢集団の関わりの中でお互いに信頼感を育み、遊び集団としての連帯感を持つことができる。

◎木登り

園児たちは木登りが大好きである。自分たちの登りやすい木を見つけては、木登りに挑戦する。木登りをするときに必要なことは、考える力である。どこの枝に足をかけ、どの枝につかまってと考えなければ、木登りはできない。腕力はもちろん、考える力と工夫がなければできない遊びだ。子どもたちは思考力が豊かになっていく。

◎穴掘り

キャンプ場には大型のスコップが常備されている。子どもたちはそのスコップを使って、穴掘りを楽しんでいる。穴を掘るという作業は体力と根気を要し、体力も消耗する行為であるが、子どもたちは作業としてではなく遊びとして取り組んでいる。森の幼稚園で一日中穴掘りをしている幼児もいるほどで、その根気強さには驚いてしまう。

【やってみよう　作ってみよう】

(1)里山での自然物を使った遊び

里山では自然物を使った遊びがたくさんある。何気なく見過ごしてしまいそうな植物でも、さまざまな遊び方があるので紹介しよう。

①エゴの木　せっけんの実でシャボン玉

初夏の六月ごろになるとエゴの花が真っ白に咲き誇り、しばらくすると真っ白なじゅうたんのように地面にびっしりと花房が落ちる。その後に小さな実がなり、七月ごろには緑色のエゴの実がたわわに枝に垂れ下がる。その実をたくさん採って、水を入れたバケツの中でごしごしすると、泡が出てくる。その泡で手を洗うと、きれいに汚れが落ちて気持ちいい。その泡を使ってストローなどでシャボン玉を作ることができる。子どもたちはこのエゴの実をシャボン

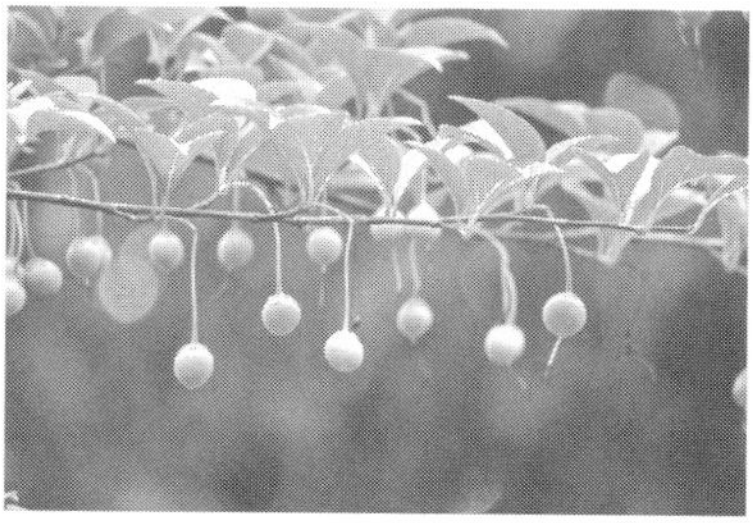

エゴの木

玉の実とよんでいる。このエゴの実にはエゴサポニンという毒があり、口の中に入れないよう注意しなければならない。これには魚毒性があり、魚を取るのに使うという話もある。

②オオバコ（大葉子）でおすもう

オオバコは森へ続く道の途中でいくらでも見つけることができる。別名ガイロッパともいうが、初夏にかけて花房には粘着力のある種がつくので、歩くと靴底に種がついて子どもたちが歩く道にたくさん生えてくる。花柄ごとと って二つに折り、花柄同士で引っ張り合い、切れたほうが負け、というような遊びで、子どもたちはこの草のことをオスモウグサと呼び、夢中になって遊んでいる。

③タンポポ（蒲公英）の水車

タンポポには在来種の日本タンポポと外来種の西洋タンポポがある。西洋タンポポは繁殖力が強く、食用として輸入され、日本全国に広がった帰化植物である。在来種の日本タンポポはその数が少なくなり、見かけるのは一部の地域に限られてしまっているが、この森の付近ではまだまだ日本タンポポも観察できるので、自然環境が整っているということなのだろう。ちなみに西洋タンポポと日本タンポポの見分け方は、その萼《がく》（総苞片）を見ると識別できる。萼が外側に反っているのが西洋タンポポで、花弁を包み込むように閉じているのが、日本タンポポである。

春先に見られる、そのタンポポの茎を折ったものをさらに縦に裂いて水につけると、くるっと外側に茎が丸まるので、細い木の枝を差し込んで小川などに浸し、くるくると水車のように回して遊ぶことができる。

④イタドリの笛

イタドリの茎は湿気のある川沿いなどでよく見られる。太く竹のように茎の中が空洞になっている。のどが渇いたときなどはその茎を切って吸うと水分が得られるので、夏の暑い日にはとても助けられるが、シュウ酸が含まれるためあまり大量に吸わないほうがいい。また、その茎を斜めに切って吹くときれいな音がするので、子どもたちはこの笛が大好きだ。ナイフの扱いに慣れれば、固めの木の葉をリード代わりにして笛を作ることもできる。

⑤タケニグサの鈴

切込みが深く、人間の手のひらのような形をした大き目の葉を見つけると、それはタケニグサである。切ると茎から黄色い汁が出てくるが、これにはアルカロイド成分の毒が含まれている。夏の終わりになると種が大量につき、茎ごととって振るとシャラシャラと乾いた音がする。またさらに乾燥したものを地面において足で踏み潰すと、バチバチとけたたましい音を立てるので、子どもたちは喜んで踏み潰して遊んでいる。

⑥篠で作る弓や篠鉄砲

この森の手をつけていない場所には、篠藪がびっしりと生えている。大人の親指以上の太さの篠がびっしりとあるので、それを切ってきては弓と矢、篠鉄砲などを作って遊ぶ。ノコギリで適当な長さに切ったものに縦に切り込みをいれ、端と端を紐で引っ張り弓形にするとでき上がり。矢は細めのまっすぐな篠を探してノコギリで適当な長さに切る。細い切り口をナイフで斜めに両方から

タンポポ

切ると、矢を射るために紐をかけるところができる。

⑦竹で作る食器・お箸

夏になると年長児は一泊キャンプを行なう。キャンプの最初の作業が竹の食器つくりである。森での不便な生活を楽しむために、あえて近くの竹藪から竹を切り出し、グループごとに協力して竹のコップとお皿とお箸を作るのである。竹という素材の特性を生かし、ノコギリと鉈とナイフを使って作るのである。作り方としては、

一、竹の節を残して上の部分を切るだけで、コップのでき上がり。竹を切る時には数人で竹が動かないように押さえ、一人が両手でのこぎりを身体の中央で持ち、引く時に力を入れて引くことで、スムーズに切ることができる。

竹で作る

二、お皿は両端に節を残したものを縦において、鉈で半分に割るとお皿のでき上がり。竹を鉈で割る時は、板等の上に竹を縦に立て、一人が両手で鉈を竹の切り口半分の位置にあて、もう一人が木の棒などで鉈をたたくことで、ケガなく半分に割ることができる。

三、お箸は節のない竹を二センチほどの幅に割り、さらに半分に割ると適当な箸の太さになる。それを持ちやすいように、さらにナイフで角から削っていくとお箸らしくなってくる。この時、膝の上にバンダナ等を置き、その上に材料の竹を固定し、ナイフの刃を当てる。ナイフは動かさずに竹を引くことで、ケガな

く上手に箸をつくることができる。

竹は樹木と比べると短期間で伐採が可能で、再生力も高く手に入れやすい。空洞で軽く縦に割れやすく加工が容易であるという特性があるため、教材としてもとても有効な素材である。その他、竹や篠で作る笛や太鼓、弓、水鉄砲などさまざまなものに加工する他、パンを焼いたりご飯を炊いたり等、料理の道具としても活用できるので、森の幼稚園などでも園児の教材として活用している。

(2)里山での虫やそのほかの生き物とのかかわり

森には季節に応じて、さまざまな昆虫やそのほかの生き物たちとの出会いがある。虫を捕まえたり、他の虫に食べられた死骸を見たり、子どもたちはそのことにより命の存在を感じることができる。その中で虫が大好きな子どもたちは虫探しに夢中になる。そのいくつかの例を挙げてみよう。

①オオムラサキ

遊びの森の代表的な生物として、日本の国蝶に指定されているオオムラサキがいる。現在、その生息場所や個体数は徐々に減りはじめているので、各地で保護活動なども行なわれている。オオムラサキは里山の雑木林で見られることが多い。成虫は、樹液や枇杷やスモモなどの腐りかけた匂いのする落下した実の果汁を吸っていることが多い。六月ごろ、エノキの葉に卵を産みしばらくすると幼虫が生まれ、エノキの葉を食べながら脱皮をし、一一月になって葉が落ちるころ木の根元の葉の裏で越冬し、四月ごろからまた木に登りはじめる。幼虫時代はエノキの葉を食べることが知られ、オオムラサキが生息できる条件として、近くに川（湿気）があり、樹液の出る樹木（クヌギやコナラ）などがあって幼虫の餌となるエノキがあること、そして開発が進んでいない人家の近くということも条件になる。開発とともにその個体数や生息場所が限られているので、自然環境のバロメーターとして保護活動に取り組んでいる団体もある。

毎年一一月になると、地区の小学校三年生と本園の年長児が一緒にオオムラサキの生育調査（三年生のカリキュラムの一環として取り入れ、本園も自然環境の取り組みの一環として教育課程に取り入れている）を行なうようにしている。

オオムラサキ

園児と小学生が二人一組になり、エノキの根元にある落ち葉を一枚一枚丁寧にめくって観察すると、葉っぱの色に近いオオムラサキの幼虫がいることがある。そのオオムラサキの幼虫を持ち帰りオオムラサキ小屋で飼育し、五月の羽化を迎えたら森へ放蝶するようにしている。エノキに幼虫が何匹いたのかを確認して記録に残すことで、自然環境の大切さを知ることにつながる。

②山ナメクジ

森のナメクジは特別に大きい。大人の親指よりも大きなナメクジが、朽ちた木の下や倒木の上で見つかる。恐る恐るつかんでみると、手が粘液でべたべたになってしまう。子どもたちは保育者や女の子に見せては、その反応を楽しんでいる。食用になるらしいが、食する勇気はない。

③ヒグラシ

ヒグラシは蜱の仲間で小型の種類である。夏のキャンプでは、夕方になると「カナカナ」というような鳴き声で、森中がにぎやかになる。一時間ほどするといつの間にか鳴き声が止み、朝方、四時ころには再び鳴きだすので、その音に起こされることが多い。時間がわかるかのようにいっせいに鳴きだし、一斉に鳴き止むのが面白い。木の幹や背の低い葉っぱの裏などを見ると、ヒグラシやミンミンゼミの抜け殻をよく見つけることができる。

④サワガニ

森の中を流れている小さな小川の小石をどかしてみると、サワガニが見つかる。子どもたちに人気のある生き物であり、森へ行くとすぐに小川へ行きサワガニを探しはじめる。しかしここでは捕まえて遊んだら必ず元に戻すということを約束としている。昔は食用としていたが、今はその数は群馬県では少なくなり、絶滅危惧種第二種に選定されている。また、サワガニは比較的きれいな川に生息しているので、これも環境のバロメーターとなっている。

⑤ナナフシ

子どもたちに大人気の虫がナナフシである。まるで木の枝のようなナナフシは体を前後左右に動かしながらゆったりと動く。その姿に、なんとなく癒されるような気がする。そのユニークな動きと姿についつい手にとってしまいたくなる。

ナナフシ

(3)里山の危険生物

その他、森にはさまざまな危険生物が生息している。それらの生物の生態など知識として知っておくことが必要であり、その対応についても少し触れてみたい。

①スズメバチ

森では樹液が出るコナラの木にカブト虫やクワガタ虫と一緒にオオスズメバチを見かけることがよくある。オオスズメバチは、日本における危険生物の中でもっとも危険であるといわれている。しかし、樹液を吸っているオオスズメバチは樹液に夢中になり、近づいても害を加えない。しかし地中に作った巣に近づくと危険である。キイロスズメバチは人家の軒下や縁の下に巣を作ることが多い。

〔事例2〕

園児と一緒に探険遊びに行った時、森の開けた場所を歩いていたら、ブーンとオオスズメバチの羽音が聞こえてきた。巣が近くにあったのだろう。リュックを背負っていたのだが、背中にぶつかってくるのがわかった。幸いにして子どもたちは気づかなかったので、静かに別の方向へ行こうと指示し、大騒ぎせずそこから離れることで難を逃れたことがあった。そこで大声を出したり大騒ぎをして走って逃げようとすれば、その音に反応し襲われていたかもしれない。

②蛇

日本における危険生物の代表として蛇があげられる。特にマムシである。この森でマムシを見かけたことはないが、ヤマカカシはよく見かける。ヤマカカシはマムシよりも強い毒をもつといわれているが、毒牙の位置が口の奥のほうにあり、よほど指を突っ込んだりしなければ噛まれても大丈夫と言われているが、これも十分気をつけなければならない。特にマムシは気性が荒く攻撃力が強いため、見かけたら絶対にそばへ近寄ってはいけない。

③イラガの幼虫

イラガの幼虫は桜や柿の木などにいることが多い。体中が針のような黄色い突起物でびっしりと覆われ、見るからに毒々しい色をしている。この棘に触れたとたん、電気ショックのような激しい痛みに襲われる。大人でも我慢できないほどの痛みであるが、しばらくすると痛みは軽減していく。

(4)里山の有毒植物

①クサノオウ（草の黄）

春になると盛んに見られるようになる。黄色い花を咲かせ、茎には産毛のような細かい毛のようなもので覆われている。茎を折ると黄色い汁が出る。これはタケニグサ同様、アルカロイド系の毒があるので触らないほうがいいだろう。

②ムラサキケマン（紫華蔓）

春先に紫色や黄色の花が咲く。葉は深く切れ込み、花房は仏前装飾具の華鬘《はなかんざし》

イガラの幼虫

に似るためそう呼ばれていて、きれいではあるが全草に有毒成分を含んでいる。

③マムシグサ（蝮草）

俗称ヘビノコシカケというように不気味な形と色をして、いかにも毒々しい花である。サトイモ科で仏炎《ぶつえん》苞《ほう》の花房を咲かせ全草に毒があり、秋には不気味な真っ赤なぶつぶつの実を成らせるが、この実を素手で触わり、その手で口元を触ったところ腫れてしまったという事例もあるそうだ。

④トリカブト（鳥兜）

有毒で有名なトリカブトがこの森にも自生している。花房は紫のきれいな色をして、その形が兜に似ていることが名前の由来らしい。アルカロイド系の猛毒が全草に含まれているので、この草には近づかないほうがいい。

クサノオウ

ムラサキケマン

マムシグサ

トリカブト

【里山の食べられる植物：食べてみよう】

①タラの芽（楤の芽）

山菜の王様といわれるように、とてもおいしい山菜である。主に大人には好評であるが、子どもでもテンプラなどにするととてもおいしく、野菜嫌いの子どもでもむしゃむしゃ食べる姿が見られる。春先、葉が開いていない新芽を摘むが、鋭い棘があるので気をつけたい。

②サンショウ（山椒）

森のあちらこちらに生えてくる低木の山椒の葉っぱを摘み取り、手でパンと叩くととてもいい香りがしてくる。匂いのする草を集める遊びをすると、まず最初に山椒の葉が集められる。醤油で煮詰めるのは大人の味だが、天ぷらで食べると、とてもおいしく子どもも大喜びで食べる。

③タンポポ（蒲公英）

花房は採りたてを天ぷらにして食べるが、葉の部分はサラダで食べても癖がなくおいしい。根はキンピラごぼうのようにして食べるか、乾燥させてタンポポコーヒーとしても楽しめる万能な草である。

④オオバギボウシ（大葉擬宝珠）

春先になると若葉が丸まって立つように芽を出し、その新芽を食べる。夏になると葉は大きく卵状長楕円形で、白いきれいな花を咲かせる。葉が広がる前の新芽を見つけて茎の部分を切り取り、茹でて酢味噌和えや、みそ汁に入れてもおいしい。

⑤スイバ（酸葉）

別名スカンポともいい、春先に花が咲く前の赤い色をした茎を折ってかじると酸っぱい汁が出るので、のどの渇きをいやすことができる。シュウ酸を含んでいるので、大量に食べるとお腹を壊すこともある。あまり食べないほうがいいが、野に出た時、水分補給になるので子どもたちも競って採ってはかじっている。

⑥キイチゴ（木苺）

いろいろな種類のキイチゴが森に生えてくるが、一番おいしいのがモミジイチゴである。オレンジ色をして口に含むと、その甘酸っぱさが何ともいえずおいしい。子どもたちも大好きなので、あっという間に採られてしまう。

⑦ヘビイチゴ（蛇苺）

地面に這うように生えている赤いヘビイチゴ。無毒なので勇気をだして食べてみると、味もそっけもなく決しておいしいとはいえない。いたずら心で子どもたちにも食べてみるように勧めるが、「まずい」と言ってすぐに口から出してしまう。

⑧ヤマグリ（山栗）

一〇月に入ると栗のイガがあちこちに落ち始める。ぱっくりと口をあけ、中には小さめな栗が入っている。靴で踏みつけ棒切れでつつきだすとコロコロと転がり出す栗の実は、生食で食べてもコリコリしてとてもおいしい。子どもたちが拾ってきた栗をナイフで剝いてあげると、次々に栗を持ってきて「むいて」というのできりがない。

⑨クワの実（桑）

野生化した桑の木が大きく育って森の入口にあるので、四月～五月ころ黒い実がびっしりとなると子どもたちが競って桑の木に登り、黒くなった実を食べはじめる。昔は、ドドメといわれる桑の実を食べて大人に叱られた思い出があるが、なぜだかわからない。でも内緒で食べたとしても、子どもたちの口の中や手はドドメ色（青紫色）になるので、食べたことは一目瞭然だ。竹筒を用意してその中にドドメを詰め込んで棒などでひたすら突くと、実がつぶれ桑の実ジュースができる。竹筒のまま飲むのがおいしい。

⑩アケビ（通草）

森の定番のおいしい木の実といえば、アケビがその代表格である。しかし、近年アケビの実を見ることは少なくなっている。木の上を見上げながら歩いていると、滑らかな蔓の先に紫色に生り、ぱっくりと割れた楕円形の木の実がぶら下がっている。中身は透き通ったような白色で、細かい黒い種がたくさん並んでいるのが見える。食べてみると濃厚な甘さの中に少し苦みを感じることもあるが、とてもおいしい。バナナを食べなれた現在の子どもたちはちょっと食べづらそうであるが、それでも、もの珍しそうに食べる子たちもいる。

10　生きる力の育成

学習指導要領によると、「生きる力とは知、徳、体のバランスのとれた力のことであり、変化の激しいこれからの社会を生きるために確かな学力、豊かな心、健やかな体の知、徳、体をバランスよく育てること」

とされている。確かな学力とは、「基礎的な知識技能を習得し、それらを活用して自ら考え、判断し表現することによりさまざまな問題に積極的に対応し、解決する力」。豊かな心（人間性）とは「自らを律しつつ他人と強調し他人を思いやる心や感動する心などの豊かな人間性」。健やかな体とは、「たくましく生きるための健康や体力」と記述されている。

森の幼稚園における活動は、幼児が生きる力を身に付け、人間として成長していくうえで必要不可欠な教育的効果を持つと考えられる。日本は四季がはっきりしているので、森の様子が大きく変化し、季節ごとの色や生き物の誕生から死までを観察することもできる。近年、開発による自然環境の破壊が進む中、自然環境に興味を持つことによって、自然のあり方や周囲の環境問題に自ら関わろうとする意識が身につく。子どもたちは五感をフルに使い、そこにある木々や葉っぱ、木の根や草花、石ころや虫などの生き物に触れ、実体験を通して想像力や創造力だけでなく、これらの自然物に興味を持つことで、主体的に物事にかかわることができ、さまざまな知識を得ることができる。また地形は平坦ではなく、急な坂道だったり滑りやすかったり等、起伏に富んでいる。子どもたちは遊びの中で駆け回ったり、木に登ったり、飛び降りたりなど、さまざまな体の動きを体験し、登る、バランスをとる、ジャンプする、滑るなどの活動を通し運動能力を向上させることができる。公園のようにあらかじめ用意された固定遊具や決められた遊びのルールはなく、自ら考え工夫しなければ遊べない。森の幼稚園で過ごした子は運動能力が高いとの研究結果もあり、幼児期にこのような運動をたくさんすると、のちに知能が高くなるという説もある。また教室のない森の幼稚園では遊びのグループ自体がクラス的な枠組みであり、グループの中で助け合ったり協力し合ったりしながら仲間意識を持ち、グループの一員という安心感を持ち協同的なかかわりが多く見られるようになる。このように森の幼稚園活動は子どもたちの生きる力につながっていくのである。

〔引用・参考文献〕
『センス・オブ・ワンダー』レイチェル・カーソン著　上遠恵子訳　一九九六年　新潮社
『もっと自由な遊び場を』遊びの価値と安全を考える会編　一九九八年　大月書店
『さあ、森のようちえんへ――小鳥も虫も枯れ枝もみんな友だち』石亀泰郎著　一九九九年　パルス出版
『森の幼稚園・シュテルンバルトがくれた素敵なお話』今泉みね子　アンネッテ・マイザー共著　二〇〇三年　合同出版
『多文化子育て』山岡テイ著　二〇〇七年　学習研究社
『森のようちえん　自然の中で子育てを』今村光章編著　二〇一一年　解放出版社

（『子どもと教育環境』第八章「森の幼稚園」大学図書出版　二〇一七年八月）

第三部

【連載コラム】子育て・森の幼稚園で

［連載コラム］子育て

1　子どもの力を信じて

夏休み中に行なわれた幼稚園の卒園生キャンプは、子どもたちに任せるキャンプだった。プログラムをなるべく作らずに、何もないところから子どもたちの発想が出てくるのを狙っていた。そのためには四泊五日のキャンプでは少なかったかもしれない。

キャンプでは、子どもたちから「今日は～をしようよ」とか「次は～をしたい」という言葉を期待していた。案の定、沼で行なったカヌー遊びの次の日も、「沼で遊ぼうよ」という意見が出され、ほとんどの子が沼で泳いだり、カヌー遊びを楽しんだ。一方、「今日は何もしないでゆっくりしたい」とキャンプ場には何人か残り、のんびり過ごしたようだ。それはそれで、またいい。子どもの発想に任せる。その根底には子どもの力を信じてやるという発想が、必要なのではないだろうか。

とかく大人たちは、「子どもたちのために何かしてあげなくては」「できることは何でもしてあげよう」「将来、自分で選ぶため、選択肢をなるべく多く与えよう」「たくさんの引き出しを作ってあげたい」などと考え、一種の強迫観念にとらわれているかのように感じる時がある。子どもたちがゆっくり考える暇もないほどに、塾やおけいこ事、スポーツ教室などが準備されている。もっとゆったりと生活できないものかと感じてしまう。私は時々、本園（木の実幼稚園）が所有する「遊びの森」へ行き、一人でボーっとしていることがある。人間ボーっとしていると、いろいろな発想が浮かんでくるようである。しかし、子どもたちにはそんな時間もない。

社会教育学を研究している門脇厚司氏は、「われわれ日本人は、子どもを大事にするというと、その子に余計な苦労をさせないことだと考えている節がある」。一方、「外国（欧米先進国）では、その子の年齢に応じて、できることは体験させる。たとえ危険をともなっても、あえてチャレンジさせることが、子どもを大事に育てることだと考えている」と言っているそうである。

子どもの集まりがあるところには、必ず世話好きな大人たちがいて、一生懸命にお世話をしてくれる。子どもたちは何もしなくても、食べたり飲んだりすることができる。完全なお客様状態になっていることが多い。門脇氏に言わせると、親があれこれ準備し過ぎることは、（欧米先進国では）「優しい虐待」ととらえられるそうである。家庭においても、なるべく子どもに苦労をさせないように、先回りして指導したり、あげたりすることが多いのではないだろうか。

さらに、現在の便利な社会では、工夫する必要も考える必要もなく生活することにより、子どもたちは考えることをやめてしまう。マニュアルがあれば安心していられる。しかし本来、子どもたちは、自分で何とかしようという力を持っているはずである。工夫する力を持っているはずである。大人たちが知り得ない、もう一つの世界があることを信じてやらなければならないと思う。そのような眼を持って、時にはゆったりと、時には厳しく見守って（信じて）いくことが必要なのではないだろうか。

（二〇〇二年九月一六日）

2　子どもの言うこととすることに、意味のないものは一つもない

Kちゃんがお母さんの顔を描いた。よく見るとお母さんの丸い口の両隣に、同じような丸いものが二つ、描いてある。「Kちゃん、これなあに？」。真ん中の丸を指差して聞くと、Kちゃんは「くち」と答える。両隣の丸を指差して、「じゃあ、これはなあに？」と聞くと、「くち」と答える。

「え〜、じゃあ、Kちゃんのお母さんは口が三つもあるの？」と聞くと、「なに言ってるの、お母さんのくちは一つに決まってるじゃない」と答える。もう一度、「じゃあ、この丸はなに？」と聞くと「くち」。「じゃあ、この丸は？」「くちだよ」。「じゃあ、こっちの丸は？」「くちだよ」。「やっぱりK君のお母さん口が三つもあるじゃない」「違うよ。お母さんの口は一つだよ。変なこと言わないでよ」と怒りだす。

絵に描いてあるお母さんの口は三つ。Kちゃんは、口は一つだと言い張る。じつは、これには訳があった。Kちゃんのお母さんは日ごろから口やかましく、そんなことが絵になったようだ。

年中児のM子は入園したときからとても元気で、一度も幼稚園を嫌がったことがなかった。ところが、どうしたことか、年中組の二学期の途中、突然幼稚園を嫌がり、泣いて登園してきた。今までこんなことは一

度もなかったので、母親は困惑しきっていた。理由を聞いても何も言わない。とにかくM子の気持ちを受け入れて、その日は園を休ませた。翌日も泣いて登園。教師がM子と静かに話し合ったが、理由はわからない。「わがまま悪魔が心の中に入ってしまったのかな？　神様にお祈りをして、わがまま悪魔を追い出してもらおうか」と話すと、M子を素直にお祈りをはじめた。祈り終わると、すっきりしたような顔で遊びはじめた。不思議なことに、翌日からは元気なM子に戻っていた。いまだに何が原因で登園を嫌がったのかわからないが、きっと何か理由があったのだと思う。

「子どもの言うこととすることに、意味のないものは一つもない」。これは私の尊敬する先生が、よく使われる言葉である。私もこの言葉が大好きだ。子どもが笑うとき、泣くとき、怒るとき、いたずらをするとき、ふざけるとき、話すとき、嫌がるとき、笑うとき、ぐずるとき、すべてに意味がある。大人が一方的に子どもを押さえつけたり、指導しようとするのではなく、まずどんなメッセージを送っているのか、その意味を考えたい。その意味を考えようと努力したとき、子どもの心が見えてきて、余裕を持って子どもの言動を受け止められるようになると思う。

（二〇〇二年一〇月一〇日）

3　子どもの心に寄り添って

幼稚園ではとても元気だったM子が突然、幼稚園をやめると言い出し大泣きしたことを、前回書いた。最近になってM子のお母さんが、こんな話をしてくれた。

――一学期には、幼稚園のツリーハウスに登るのを目標に一生懸命頑張って、やっと登ることができた。次に、ツリーハウスから下りる際、一本の竹から滑り下りるのを目標に挑戦していた。やっと滑り下りることができて、M子は目標を達成したら気が抜けてしまったらしい。――

同時に、母親が少し自由になりたいという思いから、M子が預かり保育に通いはじめた時期でもある。そんなことが重なり、M子は「幼稚園をやめる」と言い出したらしい。「親の都合（思い）だけを考えて、子どもに寂しい思いをさせてしまったこと、本当に反省しています」と涙ながらに話してくれた。今は登園前に、「幼稚園で楽しく遊べますように」とお祈りすることが、親子の日課になっているらしい。

「親の都合だけを考えて」。母親のこの重い言葉に深く考えさせられた。ここ数年、長時間子どもを預かる施設に希望者が殺到し、定員をはるかにオーバーしても、さらに子どもを受け入れようとする現象が起こっている。不景気による社会現象かもしれないが、子どもの意思とは裏腹に、長時間施設に預けられる子どもたちの心の思いはどうなのだろう。子どもたちは「寂しいよ。お母さんと一緒がいい。私を見て」と、言葉に表して言うことができない。

しかし、子どもはいろいろな方法で気持ちを示してくれる。M子の場合は「幼稚園をやめる」と言い出した。ある子は夜尿がひどくなって親を困らせ、ある子は指をくわえたり、洋服をべろべろなめてびっしょりにしたり。また、ひどく親に気を使ったり、目や口をやたらに動かすといったチック症状が出たりと、さまざまな方法で伝えてくる。このように表現してくれる子はまだ良い。

小さいときから親の言う通りの、とても良い子だった子が、ある日突然切れてしまう、という話をよく聞く。親の期待に一生懸命応え、親に喜んでもらおうと努力する。親はそんな子どもに期待をかけ、もっとできるように「頑張れ頑張れ」「早く早く」と励ます。思春期を迎え頑張りに限界を感じるころ、やっと自分の気持ちを表現してくれる。あるときは学校へ行くことを拒否して部屋に引きこもったり、あるときは暴力に訴えたり、あるときは反社会的行動に走ったり。「子どもの言うことやすることに、意味のないことは何一つない」。まさにその通りである。「親の都合だけを考えて」押しつけるのではなく、「あなたのことをいつも見つめているよ。大好きだよ。そんなに頑張らなくてもいいんだよ。ゆっくりでいいんだよ」と、子どもの心に寄り添いたい。そんな思いを子どもたちに伝えたい。

（二〇〇二年一一月一四日）

4　米づくりを通して心の原風景づくり

四月、荒れた二百坪ほどの休耕田をトラクターで耕し、土を柔らかくする。田んぼの周囲に土を積み上げクロを作る。園児も小さなシャベルを手に土を盛る。川から水を引き田んぼに水を張るが、しばらく使っていなかったため水がうまくたまらない。農家の方にシロカキをお願いし、何とか水が張れた。

六月の父の日、もち米を用意し、農家の方に「お米の先生」をお願いする。指導を受けながらお父さんと子どもたちで苗の手植えをする。初めての体験とあって、泥水に足を取られながらも歓声が鳴り響いていた。

八月、稲が大きく成長し、田んぼの周りに草が覆い茂る。幸い田んぼに水を多く張っていたため、雑草抜きは必要なかった。お米がスズメに食べられないように、みんなでかかしを作り田んぼへ行く。園児の背丈以上になった稲の間を歩きながら、スズメよけのテープを張ったり、かかしを立てる。牛乳パックで作ったかかしは、立てるのに苦労した。すぐ隣のビオトープ池ではメダカが元気良く泳ぎまわり、バッタやイナゴを捕まえたり花を摘んだり、遊びには事欠かない。

九月の強い台風にも負けずにしっかりと根を張った稲は、一〇月に入り金色に輝きはじめた。子どもたちはリヤカーに竹を積み、田んぼに行く。お米の先生に稲の刈り方を教えてもらい、鎌を手に上手に稲を刈りはじめた。これがまた楽しい。稲を五束ほど集めてひもで縛るのは教師やボランティアの保護者。ちょうど学習体験に来ていた中学生も、鎌を手に園児と一緒に楽しんでいた。リヤカーで運んできた竹を組み、束にした稲をハゼにかけていく。稲の重みで竹がしなってしまうほどだ。

一一月、じっくりと天日に干した稲を脱穀機にかける。子どもたちは干してある稲を腕いっぱいに抱え、脱穀機まで運ぶ。脱穀されたわらが山になっていく。その山に園児を抱き上げて放り投げると、次から次へと「僕も投げて」「私も投げて」ときりがない。私が幼いころ、この辺りの秋の田んぼを駆け回り、きれいに積んであったわらの束に突っ込んでは倒し、その中で遊んで農家の方に怒られたことを、ふと思い出す。わらのにおいと感触は今でも忘れることはない。怒られることを心配せずに、わらの中に飛び込んだり秘密の家を作ったりすることが、幼いころの願望だったのかもしれない。思いっきりわらの布団に飛び込んだり、家を作りはじめた子どもたちを見て、うらやましくもあり、うれしかった。

赤城山のふもとで泥とわらにまみれながら米作りを体験した園児たち。大人になっても地域の自然環境の大切さ、収穫の大変さ、感謝の気持ちが心の片隅に原風景として残り、成長する過程で、ふと思い出してくれれば幸いである。

完全無農薬の木の実幼稚園ブランドのもち米。とってもおいしいもちがつけた。（二〇〇二年一二月一九日）

5　われら遊びの探検隊

幼稚園から遊びの森キャンプ場までは、歩いて一五分程度。寒い冬のある日、園児全員で遊びの森へ出かけた。途中、竹やぶの中にある薄暗い道を歩いているとザクザクザクと音がする。霜柱を踏む音だ。林の中へ入るとガサガサガサと音がする。落ち葉を踏む音だ。パキパキパキという音もする。枯れ枝を踏む音だ。森へ行くまでにいろいろな音が出迎えてくれる。子どもたちはそのたびに、「音がするよ」と騒ぎ立てる。

自分のこぶしよりも大きな松ぼっくりを拾ってポケットに押し込む子、自分の顔よりも大きなホウの枯葉を集める子。森には宝物がたくさん落ちている。遊びの森へ着く前に、子どもたちの両手やポケットの中は、そんな宝物でいっぱいになる。

遊びの森へ着くと、それぞれが思い思いに散らばって遊びはじめる。「おーい、探検に行くぞー」と声をかけると、年少から年長まで一二人の子どもが集まってきた。まずは近くにある廃屋へ。「あれ、こんなところに家があるぞ。中へ入ってみようか」。ガタガタの戸を開けると中は薄暗くて、なんとなく不気味。次に栗林へ行くと、収穫されなかった大きな虫食いの栗がごろごろ落ちている。子どもたちは競ってポケットに詰め込む。

それから薄暗い杉林を通って沢まで下りていくと、杉の木にぐるぐる巻きついたフジのツルを発見。大人の太ももほどもあるツルの先はブランコのようになっている。年長の子どもたちは、われ先にとツルによじ登り、ブランコのところまで行き、ゆらゆらゆら。大きな蛇が何匹もからみついたような複雑な姿のツルに、子どもが鈴なりになった。

次にシノやぶの中へ入り込む。長さ三メートル以上もあるシノがびっしりと生い茂ったやぶをかき分けながら進むと、山芋掘りをしてそのままにされた深い穴が所々に空いている。園長を先頭に、穴をよけながらかき分け進んでいく。数人の年長児が最後列に並び、年少の子どもたちを助けながら進む。間がすこし開くと前の人の姿が見えなくなってしまうほど、シノがびっしり生えている。「お〜い、まって〜」「こっちだよ〜」。声をかけ合いながら、やっとの思いでシノやぶから抜け出すと、一人の子が「手袋が一つない」。途中で落としてしまったようだ。年少児と年中児をその場に残し、年長児が手袋を探しに戻った。自分たちが歩いてきたと思われる跡をたどりながら「あっちだ。こっちだ」と言いつつやぶをかき分け、やっと見つけることができた。シノやぶから抜け出るとA男の顔に引っかき傷ができ、血が出ている。「薬をつけに戻る?」と聞くと、「いい、まだ探検に行く」。それからぐるっと森の中を歩き回り探検から戻る。子どもたちの手やポケットの中には松ぼっくりや枯れ枝や虫食いの栗がたくさんあった。

森の中ではいろいろなことが発見できる。色々な音、いろいろなにおい、たくさんの宝物、勇気、我慢、思いやり、挑戦などなど。そんな森での遊びが、木の実幼稚園の子どもたちは大好きだ。

（二〇〇三年二月一三日）

6　それぞれの良さを発揮できればいい

三月は卒園の時期。この時期に毎年歌う私の大好きな讃美歌がある。

♪小さな野の花でも　主の愛を受けて輝く　あふれる感謝喜びは　いついつまでも　バラはバラのように　スミレはスミレのように　私もこのままの姿でついて行きます　空を飛ぶ鳥たちは　主の愛を歌い続ける　あふれる感謝喜びは　いついつまでも　ワシはワシのように　スズメはスズメのように　私も主の誉《ほ》め歌を　歌い続ける♪

とても奇麗な歌で、子どもたちも大好きな讃美歌だ。

先日、職員室で仕事をしていたら、年中児のA子が目に涙をいっぱい浮かべ、「眠い」と言いながら入ってきた。ちょうど昼食の時間で、子どもたちが食事の用意を始めていた。熱はないようだったので、「お昼になるからお部屋へ戻ろうか？」と声をかけると、泣きながら「やだ、眠い」という。クラスで何かあったのかな、と思いながらA子の気持ちを受け入れてベットに寝かせ、布団を掛けてやった。しばらく横になっていたが、そのうち起きだし、「もう治った」と、元気よく自分のクラスへ戻っていった。

後で担任に聞くと、卒園をひかえた年長児にプレゼントを作り、誰に渡すかの話し合いでA子の意見が聞き入れられず、いじけて部屋を出てしまったそう。以前なら大泣きしてパニックになっていたA子だが、「眠い」という表現で自分の気持ちを押さえ、横になりながら自分の気持ちを整理したようだ。

情緒的なハンデをも持つA男とB男は言葉がなく、自分の意思を表すことができない。みんなが話を聞いているときに、ふらふら歩いたり、外へ飛び出すなど、みんなと一緒の行動がとれない。でも周囲にいる子どもたちは、それを非難したり、からかったりすることはない。最初のころは、「どうして一緒にできないの?」「どうしてお話が聞けないの?」と疑問をぶつけてきたが、「みんなが一緒に遊んだり、お話をしてくれたりすると、段々とできるようになっていくよ」と伝えていた。

子どもたち一人一人は、能力も外見も成長の速度も違う。でも、それぞれが、その良さを発揮しようと一生懸命だ。私たち大人は、その良さを認め受け入れているだろうか。ともすると、その子なりの良さを認めずに、「もっとできるはずだ」「もっと頑張れるはずだ」と期待をかけ、子どもの本来の能力以上に、「もっと、もっと」と要求していることが多い。他人と比べるのではなく、今の子どもの姿を認めて受け入れていくことが、本当の愛情につながるのではないかと思う。

こんな話を聞いた。重い身体的ハンデを持った子どもがいたが、病気のため亡くなってしまったという。葬式のとき、周囲の人たちは小さな亡骸《なきがら》に向かって「今度生まれるときは、障害を持たずに生まれてきて」と涙ながらに祈ったそうである。それを聞いた母親は「いいえ、もっと重い障害を背負っていてもいいから、生きていてほしかった。今のあなたが大好きだった」と強く言ったそうである。これが本当の母親の愛情ではないだろうか。「あなたは、あなた。そのままのあなたでいいんです」

子どもは親や他人から認められ受け入れられるとき、心の中に喜びを感じ、今の能力以上の力を発揮しようとする。決してわがままや反社会的行動を受け入れるのではない。子どもの精いっぱいの頑張りを、寂しさを、うれしさを受け入れるのである。バラはバラのように、スミレはスミレのようにそれぞれの良さを発輝できればいいのだ。今年も、それぞれの良さをいっぱい持って卒園していく子どもたちへ、心からおめでとう。

（二〇〇三年三月一三日）

7　「なんでだろう」と考えてみる

新学期が始まり五月になると、そろそろ子どもたちにも変化が見えてくる。しっかりものの年長児のA男が最近、幼稚園に来るのを嫌がるようになった。今まで喜んで送迎バスに乗っていたのだが、バスも嫌だと言い出し、ここ何日かは目に涙をためるようになった。

それでも年長児という思いが強いらしく、ほかの子どもたちに泣いているところを見られるのを嫌がって、母親がほかの用事で園に来たとき、母親の姿を見てしまい、我慢できなくなって「お母さんがいい」と大声で泣き出してしまった。兄弟のいないA男は、自分の思い通りに生活をしてきたが、成長するにつれ、周囲の友だちがなかなか自分の思い通りに遊んでくれないことや、年長児になったという喜びとともに心の負担が大きくなったのだろうか。

そこで、そんなA男の心の中を、「なんでだろう」と考えてみることにした。「年長児だから泣かないで」、「お兄さんだから頑張って」という励ましの言葉は、A男の心に大きな負担となるだろう。A男自身も年長児ということを自覚しているため、心の中に大きな葛藤があるようだ。A男がこんなことをぽつんと言った。「僕ね一人で泣いているときに、神様に強い心をくださいってお祈りしたんだ。でも神様は強い心をくれなかったから泣いちゃったんだよ」。保育者が「じゃあ、もう一度強い心がもらえるようにお祈りしようか」と言うと、「うん」とうなずき、にこっと笑った。その後、目を真っ赤にしていたA男は元気なA男に戻って楽しそうに幼稚園で過ごした。自分の心の中で気持ちの整理がついたようだ。

新学期に入り、心や知能にハンデを持った子どもたちが何人か入園してきた。にぎやかなものである。外へ出れば水遊び。体中びっしょりになって喜んでいる。一日に何回着替えたことだろう。いろいろなものを持ち出したり、ウサギをグニュっとつかんだり、バスから飛び出したり、部屋から飛び出して裸のまま走りまわったり。保育者も目を離せない。子どもたちの反社会的と思われる行動は、もっとも安定していられる時と考え、危険のない限り、なるべく規制をしないで行動を認めるようにした。段々と着替えの回数が減り、言葉が増えてきた。目が合うようになり、笑顔が増えてきた。五月になって少し変わってきたように思う。二学期、三学期になればもっと変わるだろう。一人一人を信じてゆっくりとかかわっていこう。

弁護士の坪井節子さんは講演の中で、「子どもたちは自分の選択の間違いに気づけば、それを乗り越える方法を考える知恵を持っている」と、事例を出して話している。覚せい剤の事件で逮捕された少女はとても良い家庭のお嬢さんで、父親は一流企業の部長、母親は教育熱心な人で、少女も優秀な成績で良い高校に入ったそうである。高二のときに突然家出をし、やっと見つけると薬物中毒の少年と一緒だったという。そんなことを何回か繰り返した少女が補導され、話を聞いたところ、幼いころ、悪いことをして両親からひどくしかられたことから、親のいいなりになって良い子でいることが自分の身を守るための手段だと思ったそうだ。

大きくなるにつれ、まわりの友だちと何かが違うということに気づき、親からいけないと言われることに手を出すようになったそうである。親の前で良い子にしてきた子が、その苦しさをわかってと訴えたかったそうである。幼いときから親の価値観の中で生きてきた子どもが、自分の思いをさまざまな形で表していく。幼いときだからこそ認められているという安心感。受け入れられているという喜びを感じることで、自ら考え、間違っていれば方向修正しようという力を発揮できるのである。

大人の価値観を押しつける前に「なんでだろう」と考えてみることも必要では？

（二〇〇三年五月八日）

8　ツリーハウスから学ぶ

幼稚園の園庭に大きなイチョウの木がある。若葉が青々と茂り、爆発するような勢いで枝を広げている。その木の中ほど、地上約五メートルに小屋が建っている。その小屋を、子どもたちはツリーハウスと呼んで親しんでいる。

しかし、このツリーハウスは誰でも簡単に登れるわけではない。太い木の幹に垂れ下がった、結び目のあるロープにうまく足の裏をかけて、自分の体を支えて登らなければならない。さらに、腕の力を使って自分の体を引きあげ、次の結び目に足をかける。こうして、やっと木の叉《また》にたどり着いたら、今度は縄ばしごでデッキに上がる。縄ばしごは固定していないので、ぶらぶらゆれる。そこを頑張って登り、デッキに通じる入り口の穴をくぐり抜ける。

子どもたちはこのツリーハウスが大好きだ。でも、簡単には登れないので、何度も何度も挑戦する。登れるようになるまでの経過を観察していると、涙ぐましい努力が見られる。年長児のA男は運動神経が良く、力もある。年少の時は泣き虫でいつも泣いていたが、年少の終わりごろ、ツリーハウスに登れるようになると、自信を持ったのか、いろいろなことに挑戦するようになった。今では、ツリーハウスから下りるための竹の棒から、するすると登っていく。腕の力もかなりついている。

六月現在、年少でただ一人、登れるようになったのが、元気者のB男だ。B男は乱暴なところがあり、ちょっとしたことで手を出してしまうので、ほかの子から敬遠されがちだった。そんなB男も、ツリーハウスにいつのまにか登ることができ、得意そうに下を見下ろしている。最近、落ち着いて遊びに取り組み、乱暴な面がなくなってきた。

ツリーハウスの下を歩いていると、「エンチョー、見て～」と頭上から声がかかる。「えっ、いつのまに登れるようになったの」と驚く。「今はじめて登れた～」と、次から次へと登れる子が増えていく。子どもたちの能力とやる気には、目を見張るものがある。年中のC男が登ろうとしているが、なかなか登れない。それを見ていた年長児のA子は「Cちゃん、ロープにこう足をかけて登るんだよ」と登り方の指導をしている。C男は何度も挑戦するがうまくできない。A子もあきらめずに、根気良く教えている。何回かしてやっと登ることができた。A子も「やったー」と、自分のことのように喜んでいた。

なかには、ツリーハウスに興味を示さない子や、興味を示しても挑戦して登れないので、すぐにあきらめてしまう子もいる。登れないと教師に助けを求めてくる。「先生、下から押して」「上に持ち上げて」と。でも、なるべく手伝わないようにしている。教師が手伝い、簡単に登ってしまうと、下りるときが大変だ。ふと気がつくと、あまりの高さに足がすくんでしまい、「降りられないよ～」ということになってしまう。自分の力でしっかりと登った子は登り方を覚えているので、自分の力で下りてくることができる。

五メートルの高さには危険がともなう。危険に対処するためには、それなりの力と工夫と勇気が必要だ。自分の力で、自分の責任において取り組むことにより、困難なことも解決していくことができる。ただ、「危ないからダメ」だけで終わらせたくない。ツリーハウスからそんなことを学んでいる子どもたちである。今度、このツリーハウスで子どもたちとキャンプをしてみたい。

（二〇〇三年六月一二日）

9　オオムラサキに教えてもらう

幼稚園のグラウンドに、網で囲ったパイプハウスがある。七月現在、ハウスの中には紫色の羽を持つ大きなチョウが飛び回っている。オオムラサキである。時折、手の上に止まってじっとしている。熟したビワの実を差し出すと、ストローのような口で汁を吸う。幼稚園で飼育を始めて、かれこれ六年ほど経つだろうか？

オオムラサキは、環境に敏感なチョウだ。里山に生息していたオオムラサキは、カブト虫などと同じように樹液を餌とし、幼虫はエノキの葉を餌として生きている。しかし、開発のために森が伐採され、里山が姿を消し始めている。エノキや樹液を出す木が切られ、小川がコンクリートで固められ、周囲が乾燥したため、湿気が好きな幼虫は、生活しづらくなっている。オオムラサキたちも、最適な環境を求めて移動せざるを得ない。

幼稚園の周囲には、生息できる環境がまだ、かろうじて残っているようだ。不思議なことに、幼稚園の前の道を挟み、南側では幼虫が探せないが、北側には生息している。子どもたちは、オオムラサキが大好きだ。一一月ごろ、遊びの森キャンプ場へ行き、エノキの木の根元にしゃがみ込み、葉を一枚ずつめくっていく。根気のいる作業だが、やっと何匹かの幼虫を探し出す。それを大切に園に持ち帰り、オオムラサキハウスのエノキの根元に置く。

幼虫たちは、四月になり、新芽が出るころを見計らってエノキの根元から、もそもそと登りはじめる。五月、体色も葉と同じ緑色に変わり、体も大きくなる。その顔は、漫画のトトロのようで愛きょうがある。バリバリと大きな音を立ててエノキの葉を食べているようすに、たくましさを感じる。六月、サナギになり成虫へと羽化をする。サナギにちょっと触ってみるとビクッと大きく動く。

今年も羽化の時期を迎えた。子どもたちと毎日のように、オオムラサキハウスへ行って観察をしている。羽化するときの前兆は、黄緑色だったサナギが透き通り、紫の羽の色が見えてくることだ。さらに、お尻の部分の筋が伸びきって、サナギにひびが入る。たまたま、そんなサナギが二つあったので、枝ごと子どもたちが気軽に見られる園庭の木に洗濯バサミでとめておいた。「お〜い、もうすぐオオムラサキが出てくるよ」と叫ぶと、大勢の子どもたちが集まってきた。みんなでしゃがみ込んで二分、予想通り羽化が始まった。子どもたちはサナギに向かって、「がんばれ」「もう少しだから、がんばって」と声をかける。ひび割れた部分が段々と開き、オオムラサキの背中が見えたかと思ったらボロッと体が飛び出し、しわくちゃな羽をしたオオムラサキが出てきた。命の瞬間を感じるときである。「お〜お」と思わず歓声が上がる。手を出しそうになった子がいたので「いま羽に触ると、そのままの形でまっすぐにならないから触らないで」といい、みんなで静かに見ていると段々としわくちゃな羽が伸びてくる。

幼虫探しから、羽化の瞬間を見て森へ逃がすまで、子どもたちは、オオムラサキから多くのことを学んだ。その生態を知ることで、森や川など自然環境の大切さを感じ取ることができた。小さな幼虫が成長し、羽化の瞬間を見ることで自然の不思議さ、命の神秘さに感動するとともに命の大切さを学ぶ。こんな原体験を通して命の不思議さ、神秘さに触れることができた子どもたちは、大きくなっても命の大切さや、自然の偉大さに感動できる大人へと成長していけるだろう。

（二〇〇三年七月一〇日）

10　「まっ、いいか」と思うことが大切

毎年、夏休みになると卒園生有志（小学生から中学生まで）による四泊五日のキャンプが、遊びの森キャンプ場で行なわれる。このキャンプのモットーは、「しからない。指示しない。プログラムを作らない」である。日ごろ、大人の指示に慣れた子どもたちにとって、とても戸惑うことの多いキャンプである。

キャンプ中、「何をしたらいいの?」「今、何時?」といった言葉が、子どもたちの口からよく聞かれる。そんな時は、こう答えることにしている。「自分で考えてごらん」「時間なんか気にしなくていいよ」。突き

放すようで冷たく聞こえるが、四泊五日の中で、自ら考える経験をしてほしいと願っている。このキャンプは、就寝時間が決まっていない。子どもたちは夜中の二時、三時になっても、寝ずに外で遊んでいる。しかし、朝は七時に起きて、朝ご飯を作ることになっている。三日目、四日目になると、夜はシーンと静まり返る。

さらに、遊びの森には水道がないことを幸いに、一日二リットルのペットボトルですべての水を賄う。朝起きると、自分のペットボトルに水を入れてもらい、一日それで過ごすのだ。うがい、手洗いから料理、飲み水まで、ペットボトルの水を使う。考えないでどんどん使うと、夕方には水が終わってしまう。次第に子どもたちは、使い方を考えるようになる。日常生活の中で、大人の指示に従っていれば、子どもたちはほとんど考え工夫することを必要としない。そんな子どもたちにとって、このキャンプは、自ら考えなければならない苦しいキャンプになっているかもしれない。

ある園児のお母さんから、手紙をいただいた。「毎日、仕事が忙しくて、ついつい子どもたちに大きな声で、『早くしなさい』『なにやってんの、だめじゃない』などと言葉を発してしまいます。私が毎日、イライラしているので、子どもたちもイライラしているようです。ある日、長女がおもちゃを片づけないでふらふらしていた時、なぜか、『まっ、いいか』と思ったのです。そしたら、私の心がとても穏やかになり、長女もそのうち、自分からおもちゃを片づけはじめたので、思いっきり抱きしめて褒めてやりました。私の心が穏やかになったら、子どもたちの心も、とても穏やかになったようです。忙しい毎日ですが、『まっ、いいか』という気持ちを忘れずに接していこうと思います」

「まっ、いいか」ということは、「まあ、いいでしょう」と行動そのものを受け入れること、認めることである。お母さんが長女の行動そのものを受け入れ、認めたことにより、長女にも変化が見られたのである。

卒園生のキャンプも同じことである。あえて指示をしないで子どもたちの行動を認め、受け入れることにより、段々と姿が変わってくる。自分で考え、工夫をしようと努力をするようになる。本当は、もっと長い日数のキャンプができればいいのだが、四泊五日でも、子どもたちの変容は十分見られる。

大人であるスタッフがまず、子どもたちを信じ、行動を認めてあげること。認めるとは、我慢することでもある。そのときに、「まっ、いいか」とおおらかな心で認めていくことで、気持ちも安定してくるのではと考える。完全を求めなくても、不完全でもいいじゃないか、と自分に言い聞かせるキャンプでもある。今年もそんなキャンプが、もうすぐはじまろうとしている。


（二〇〇三年八月一四日）

11　自然の中での実体験

この夏は、若年層による犯罪がクローズアップされた。先日、児童相談所担当官のお話を聞く機会があったが、非行や不登校の子どもたちに共通する要因の一つとして、生育過程の環境も重大だが、自然の中での実体験不足ということが挙げられた。自然に触れ、その中で考えながら試行錯誤する体験は、小さいときから経験しておく必要があるようだ。

夏休みに、木の実幼稚園の卒園生を中心とした四泊五日のキャンプが、遊びの森キャンプ場で行なわれた。参加者は、小学一年生から中学生まで二一人。今回で一二回目となる同キャンプは、子どもたちにとって特別な体験ができる場だ。キャンプでは自由を大切にしている。自分が自由になるためには、他人の自由も保障しなければならない。自分の自由ばかりを主張していては、自分勝手になってしまう。そこで、おのずと考えながら、お互いの自由を認め合うようになる。

道具はナイフやのこぎりで、竹のお皿とコップを作り、五日間使用する。キャンプ場には水道がないため、朝の配給で二リットルのペットボトルに水を入れて、一日を過ごす。考えて使わないと、すぐに終わってしまう。就寝時間を決めないので、子どもたちは夜遅くまで起きている。一日目は、徹夜して遊んでいた強者もいた。しかし、寝ている人たちのことを考え、外かテントの中で静かに遊んでいたようだ。

翌朝は七時起床。自分でご飯を作らないと食べれない。二日目は、近くの沼でカヌー遊びをした。全員がライフジャケットを着け、カヌーに乗る。そのうち、わざと転覆して水深三メートルほどの広い沼で泳ぎはじめる。三日目も、「沼遊びがしたい」と子どもから意見が出され、全員で沼へ泳ぎに行く。夜は、バケツリレーで水をためたドラム缶のお風呂。その日の夕食はマス一匹と飯ごうのご飯。魚をさばくことからはじめる。自分のナイフを使い内臓を出すのだが、A子は魚を目の前にして、石のように硬くなってしまった。「気持ち悪いからやらない」と言い張る。周囲から励まされ、説得され、やっとスタッフと一緒にさばくことができた。この日はさすがに疲れたのか、夕食を食べた後、ぐっすり寝ついてしまった子や、気持ちが悪い、頭が痛いと訴える子が何人かいた。疲れとホームシックで、ぐったりとしている子もいた。

四日目は、山登り。赤城山の銚子の伽藍《がらん》に挑戦だ。途中から、けもの道のような道を通り、崩れかかったがけを慎重に降りると、粕川源流の小さな滝に着く。そこで冷たい水を飲んでいると、急に雷が鳴り出した。

急いで引き返したが、途中で大粒の雨になり、すぐ近くで雷が鳴りはじめた。「落雷」という文字が頭の中を駆け巡り、生きた心地がしなかった。四年生のT子は途中で立ち止まり、手を組み目を閉じて「神様、助けてください」と祈っていた。子ども二一人とスタッフ一三人の一行は、ずぶぬれになりながらも駐車場に止めておいたバスにたどり着き、無事に下山できた。

この夜は、無事に帰れたということで、みんな大騒ぎ。キャンプ唯一の贅沢さよならパーティーでは、ジュースやごちそうが振る舞われた。「もっと泊まりたいね」と、翌日の解散を惜しむように、皆で楽しいひとときを過ごした。このときは、具合の悪い子は一人もなく、みんな元気いっぱいだ。鉈で手を切り三針縫ったS男に、「どうする、家に帰る?」と聞くと、「帰らない」。最後までキャンプに参加できた。このキャンプは、子どもたちの実体験そのものだ。水って大切。腹へった〜。考えなきゃ。痛〜い。汚い〜。泣きたいよ。工夫してみよう。自由って大変だ。我慢も必要。協力するって楽しい。子どもたちは、実感としてとらえていたようだ。

（二〇〇三年一一月一三日）

12　サンタクロースは皆の心の中にいる

一二月といえばクリスマス。世界中でクリスマスが祝われる。街へ繰り出せば、クリスマスソングや讃美歌が流れ、ケーキが売られている。とてもにぎやかなクリスマスだ。それはそれで、とても楽しい。でも、クリスマスの本当の意味ってなんだろう。クリスマスは、イエス・キリストの誕生を祝うことからはじまった。英語ではChristmasと書く。Christ（キリスト）、mas（生まれる）の文字通り、キリストが生まれた日を祝うのである。

私の園はキリスト教保育を行なっているので、ことさらクリスマスを大切にしている。毎年、クリスマスには子どもたちが、聖劇を演じる。歌と動作で、イエス様の誕生を表すのである。子どもたちの一番の関心ごとは、配役である。年長児などは年少の時からの経験で、自分はどんな役をやりたいか、すでに決めている。毎年同じ聖劇をするので、年長児の配役にあこがれの気持ちを持っているようである。

一二月に入ると、クリスマスの歌を自然と口ずさみ、こんな会話が聞かれる。「私はマリヤ（イエスの母）になりたいんだ」と言っている女の子が四人もいる。「ぼくは博士だよ」「ぼくは解説者」「私は天使がいい」などと口々に言う。年長児で配役を決める時のこと、天使になりたい人が集まり、話し合っていた。最近、情緒が不安定なT子は、天使になりたかったのだが、話し合いのときに、一人参加していなかった。六人の天使が決まって、子どもたちが喜んでいると、「T子も天使がよかった」と泣きはじめてしまった。みんな困ったような顔をしていたが、天使に決まったN男が明るい顔で「じゃあ、ぼくはヨセフ（マリヤの夫）になるよ。Tちゃん、天使になっていいよ」と譲ってくれた。優しい心が見られた。

クリスマス定番のサンタクロースについて、こんな話がある。昔、イギリスに聖ニコラウスという祭司がいた。ある日、一人の女の人が悲しそうに泣いているので、訳を聞くと、家が貧しくて結婚式を挙げられないとのこと（当時のイギリスでは結婚の時、女性が結婚準備金を払わなければならないという決まりがあった）。そこでニコラウスは、女性にわからないようにお金を用意し、渡したそうである。そのことをきっかけに、ニコラウスは困っている人や、悲しんでいる人のために無償でプレゼントを配って歩いたそうである。セント・ニコラウスがなまってサンタクロースになり、世界中に広まった。

誰でも見返りを求めず、ほかの人のために何かができる優しい気持ちを持っている人の心の中には、サンタクロースが実在しているのだ。N男もそうだが、子どもたちが他人に優しくする時、決して見返りを求めようとしない。自分の優しい心を、惜しげもなく友だちに与えていく。ならば、母親の愛情は、それ以上に見返りを求めないものであろう。わが子を愛するがゆえに一生懸命、子どもを愛する。愛するとは、甘やかすことではない。時には厳しく、そして、とても優しく愛情を注ぐこと。

最近気になるのが、わが子を虐待して殺してしまう親が増えてきたことだ。うるさいから、面倒くさいから、と自己中心的な気持ちで手を出してしまうなど、悲しい出来事が多い。私の園では、クリスマスは人のために何かができる日、他人のことを考えられる優しい心になれる日、とてもうれしい日としてとらえている。サンタクロースは架空の人物ではない。優しい気持ちを持った子どもたちの心の中に、サンタクロースは実在しているのである。世界中の人たちの心の中に、サンタクロースがいてくれれば、虐待も戦争もなくなるのに。もうすぐクリスマス、心からメリークリスマスと叫びたい。

（二〇〇三年一二月一一日）

13　見えるものより見えないものを

新年に入り、サッカー教室を開いた。保育者のお父さんがサッカーの指導をしてくれるというので、ありがたくお世話になることにした。普段、一斉指導は取り入れていないので、子どもたちのようすはどうだろうと心配していた。その心配をよそに、子どもたちはサッカーに熱中し、一時間半の教室に集中できた。もちろん、指導がよかったこともあると思うが、普段、ボールをけったことのない女の子たちまで、「楽しい、楽しい」と集中していたので、本当に驚いた。

幼稚園の普段の生活では、コーナーごとに遊びを設定し、自分で好きな遊びを選んで取り組むことを中心にしている。自分の好きなことで十分に遊び込み、充実した時間を持つことにより、「やってみたい」という意欲が心の中にわき上がってくるようだ。いろいろなことに興味を持ち、いろいろなことに挑戦してみる。そんな心が段々と作られてきたのではないだろうか？　その結果、サッカーの指導に対しても長時間集中し、心から楽しんで参加するという子どもたちの姿が見られたと思っている。

子どもたちにとって、「遊びは学ぶ」ことである。自分の好きな遊びを思いっきりすることで、いろいろな知恵、興味関心、意欲、他者への思いやりなど、たくさんのことを学ぶことができる。今の時期になると、年長児は卒園へ向けての準備がはじまる。保護者にとっては心配ごとの多い時期でもある。小学校へ行くために、どんなことができなければならないのか？　どんなことをしなければならないのか？　気になるところである。

文字が書けない、数字が読めない、計算ができない、など学校へ行くために目に見える部分が気になってくる。学校では、目に見える評価というものが付きまとってくる。だからといって、幼稚園のときから字を教えたり数字を計算させたりしなければならない、ということではない。もっと大切なことは目に見えない部分、「たのしい」と思える心、「やってみたい」と思う心、「なんでだろう」と不思議に思う心、「ありがとう」と感謝できる心、「だいすき」と信頼できる心などではないだろうか。

これらは決して目に見えて評価できるものではない。しかし、幼稚園では、こうした目に見えない心の部分を育てていかなければならないと信じている。目に見えない部分は、家庭において親からの愛情を基盤として、思いっきり遊び込める環境の中で育つものだと考える。だから保護者の人たちには、「思いっきり遊ばせてください。文字や数字は子どもたちが興味を持つとあっという間に覚えますよ。教えることではなくて、興味が持てる環境を与えてやることが大切です」と言うことにしている（コンピューターゲームなどの遊びには、決してメリットはない）。

実際、子どもたちは興味を持つと、ものすごいパワーを発揮する。サッカーについてもそうだが、最近はこんなことがあった。園庭のイチョウの木の上にあるツリーハウスに二階を造りたいと年長児の子どもたちが盛んに言うので、最初は生返事をしていた。が、毎日のように言われ続けたので重い腰をあげ、材料を用意して造りはじめた。

基礎になる板を切ったり、ドリルで穴をあけたり、ボルトにネジを締めたり、積極的に手伝ってくれる。年長児のY男は朝、登園してくると「えんちょう、ツリーハウスで待ってるよ」と必ず声をかけてから木に登っていく。「えんちょう、はやくきて」「えんちょう、材料はどうする?」と、子どもたちの声に背中を押されながら、毎日、ツリーハウスの二階造りに励んでいるこのごろである。幼児期の遊びほど大切なものはない。子どもたちの心の中には、目に見えない大切なものが確実に積み上げられている。この目に見えないものを大切にすることにより、充実した学校生活を過ごす基礎ができるのではないだろうか。

（二〇〇四年三月一一日）

14 ツリーハウスの効能

三月に入り、卒園式の時期を迎えた。卒園生、保護者の方たちに卒園記念文集の原稿を依頼した。その中で、とても面白く、子どものことをよく見ているなと感心させられた文章があったので、承諾を得て書かせてもらうことにした。医療関係に勤めているお母さんで、症例研究発表的に書かれていた。（以下原文）

『ツリーハウスの効能』

木の実幼稚園にあるツリーハウスは、子どもたちのあらゆる症状に効果があることが知られている。そこである症例をもとにその効能について考えてみたい。

〈症例〉Y　六歳　女児　病症名「やってみたい病」

二〇〇三年四月七日、女児誕生日当日、他の二歳女児がいとも簡単にツリーハウスに登るのを見て、Yに「やってみたい病」が発症。そのとき「くやしい病」「負けたくない症候群」を合併し、ツリーハウスに挑む。初めてなのでうまくできなくて、涙をポロポロこぼしながらも無事登ることができた。その後、Yには「やってみたい病」があらゆる場面で数多く見られるようになるが、ツリーハウスを制覇したという免疫の力で最後まで集中し頑張れるようになる。

〈考察〉園庭にそびえた大きな木の上にある『ツリーハウス』。子どもたちにとって、とても魅力ある存在で、そこにお兄ちゃんやお姉ちゃんが登り、手を振る姿を見るといつかは僕も私もあんな風になりたいとあこがれる。この症例の場合、発病のきっかけはそれとは異なるが、一つのことをやり遂げた時の喜びを味わえた。「やってみたい病」の副産物である。『ツリーハウス』以外にも、同じような効果をともなうものは幼稚園の中にたくさんあるはずである。しかし、『ツリーハウス』の存在が大きいのは達成したとき上から下を見下ろすことができるので、子ども自身がひとまわり大きくなったかのように錯覚を起こすからではないだろうか。実際、子どもの内に秘める力は何倍にも大きくなっているはずである。

〈最後に〉これからも『ツリーハウス』は子どもたちの身近な存在であり続けるだろう。いつまでも元気な姿で子どもたちのことを見守り続けてもらいたい。

まるでワクチンのようなツリーハウスの存在である。このお母さんは子どもたちのことをよく観察しているな、と感心させられた。ツリーハウスを見ると、「危ない」ということが第一印象かもしれない。子どもたちはこのツリーハウスに果敢に挑戦する。その中で子どもたちの中に育つものはたくさんある。お母さんは幼稚園での子どもたちのそんな姿を、ドキドキハラハラしながらも温かく見守っていてくれたに違いない。見事に子どもたちの特性をとらえツリーハウスの効果を文章に表してくれたお母さんに心から感謝したい。

今、子どもたちからの強い要望で卒園式までにツリーハウスに二階を造ろうということになり、子どもたちと一緒に張り切って造っている。ツリーハウスがさらに高くなっていくが、私もドキドキハラハラしながら子どもたちの成長を見守っていきたい。

＊木の実幼稚園のツリーハウス＝園庭のイチョウの大木、高さ四メートルほどのところにあるデッキと樹上小屋。ロープと縄ばしごで登るので、誰でも簡単に登れるわけではない。現在製作中の二階は高さ六メートルに及ぶ。

（二〇〇四年四月八日）

15 家庭での人間関係を見直そう

少子化が問題になり、家庭における教育力がなくなってきたといわれて、そう長くない。厚生労働省の「次世代育成支援施策の在り方に関する研究会」の報告書によると、「子育てでイライラすることが多い」という母親は、一九八一年には一〇・八％であったものが、二〇〇〇年には三〇・一％に増加している。

さらに、児童虐待の件数は、統計に表れただけでも、一九九〇年の一一〇一件だったものが二〇〇二年には二万四一九五件と、何と二二倍もの増加になっているそうである。国は今までに、少子化対策として唱えてきたエンゼルプラン（子育て支援対策）により、子どもたちをより長く預からせるための施設を新設し、定員を増やし、株式会社に幼稚園や保育園を開設することを容認する規制緩和を行なったりと、いろいろなことをやってきた。

しかし、少子化に歯止めがかからず、ますます家庭から子どもを引き離し、家庭の教育力を奪ってしまうことになったのではないだろうか。入園募集の時期になると、電話で入園の問い合わせがある。「もしもし、そちらの園では給食がありますか？　制服はありますか？　バスの送迎はありますか？　預かり保育はありますか？」と。「給食はありません。うちはお弁当です」と答えると、「ガチャン」と切られてしまう。今、幼稚園選びで、この四つが重要視されるらしい。

三学期修了式の前の日、年長児にとっては最後のお弁当の日、子どもたちは在園生と一緒に、楽しんでお弁当を食べる。お弁当を食べ終わると、お弁当の底から手紙が出てくるのである。「なんだろう」と不思議そうに開いてみると、「今までお弁当を食べてくれてありがとう。奇麗に食べてくれて、お母さんはとてもうれしかったよ」と書いてある。子どもたちが、うれしそうな顔でみせにきてくれる。毎年、何人かの子どもたちのお弁当には手紙が入っている。

三年間、お弁当を作るということは、お母さんにとって大変なことだ。大変だけれど、「今日は食べてくれるかな」「どんなおかずにしようかな」と毎日、子どもたちの顔を思い浮かべながら作ってくれるお母さん。お母さんと子どもの心が、見えない糸でしっかりとつながっている。だから子どもたちは、うれしそうな顔をしてお弁当の手紙をみせにくる。「全部食べられたよ」と得意そうな顔でみせにくる。毎日の何気ない出来事だけれど、とても大切なことだ。

昨年度、卒園した園児のお母さんたちの中から、ＯＧ会が発足した。「木の実レンジャー」という正義の味方にちなんでつけた名前。その名の通り、園で困ったときや、忙しいとき、保護者会の手助けなど、幼稚園の子どもたちのために、正義の味方になって駆けつけてくれるという。子どもたちと太いしっかりとした糸で心がつながっているお母さんたちが、今度は、幼稚園との間に太いしっかりとした糸がつながったように思う。

家庭の教育力がなくなり、地域が崩壊し、隣にどんな人が住んでいるのかもわからないような社会状況の中で、人と人とのかかわりを大切にしていくことは必要なことだ。まずは、基本である家庭の中で、しっかりとした人間関係をつくらなければならない。親子の関係、とくに、母親と子どもの人間関係づくりは、乳幼児期が大切といわれている。その大切な時期を少子化対策により、多くの家庭から子どもが引き離されているのが現状だ。今の社会、「より早く、より便利に、より楽に、より他人任せに」という合言葉を中心に進んでいるような気がしてならない。そのはざまで苦しんでいる子どもたちがたくさんいることを、忘れてはならない。私たち大人一人ひとりが意識して、取り組んでいかなければならない問題であると思う。

（二〇〇四年五月一三日）

16　お金をかけずに楽しい子育て

子どもの日にちなんで総務省がまとめた統計によると、四月一日現在、一五歳未満の子どもの数は前年度より約二〇万人少ない一七八一万人で、二三年連続の減少となったそうである。総人口に占める割合も一三・九％と主要七ヵ国の中で最も低い水準だった。

年齢別に見ると、一二～一四歳の三六七万人に対し、零～二歳児が最も少なく、約三四四万人だという。

今後、ますます少子化が進み、日本の人口そのものが減っていくことは十分予想される。今、子どもを一人前？　に育てるまで、約一〇〇〇万円のお金がかかるといわれている。そんなことも少子化に歯止めがかからない原因の一つであろう。

先日、遊びの森キャンプ場で「探険ハイク」が行なわれた。穏やかな天候の中、リピーターを含めた約一七〇人の家族連れが集まった。文字通り「探険」で、遊びの森周辺を含めた里山を探険しながら、課題解決ゲームに挑戦した。各ポイントを全部回らなくても参加者の状態に合わせ、のんびりと楽しめる内容だった。それでも起伏のある森の中、汗をかきながら歩き回っている姿が見られた。ここではテーマパークのように行列を作って並ぶこともなく、イライラすることもない。なによりも子どもたちが遊具に遊ばれるのでなく、自分で考え遊びを見つけて挑戦できる。

ポイントは、全部で一五。「春の天ぷら」は、自分たちで食べられそうな草花を見つけて、その場で天ぷらにして食べる。タンポポの花、ヨモギ、セリ、ウド、サンショウなど、塩を振った揚げたては絶品だ。「ストロージャンプ」は、高さ四メートルほどの樹上から、わらの上に飛び下りる。勇気が試されるポイントで、バンジージャンプをもじったものだ。

「森林迷路」は、杉林の広範囲な斜面にテープを張り巡らせ迷路を作った。準備も大変だったが、参加者が息を切らせながら巡る姿が印象的だった。「木の上に何がある」では、滑車で樹上七メートルほどの木の上に吊り上げ、「何か」を見てくるというゲーム。スタッフが引っ張り上げるので、力が必要だ。午後は「ウォンテッド」というゲームで、指名手配犯になったスタッフが広範囲な森の中に隠れ、それを参加者が探し出す。密生したシノ藪の中を必死でかき分けながら、親子で探す姿が見られた。最後に参加者とスタッフ全員（約二〇〇人）が手をつなぎ、森の中に大きな一つの輪を作り、全員が握手をして別れるというネイティブアメリカン（インディアン）の別れのあいさつを実行した。時間はかかったが、一辺倒なイベントではなく、参加者同士が十分にかかわりあうことができたイベントではなかったかと自負している。

いま平均的な家庭の子どもの人数は一～二人。多くて三人程度だろうか。子どもを遊びに連れていくだけでもお金がかかる。まして、塾や習い事など、お金のかかる要因はたくさんある。だから、「子どもは少なく」とでも言うのだろうか？

最近気になることが子どものペット化である。幼い子どもに化粧をさせたり、携帯電話を安易に持たせたり、反面、子どもの自主行動を認めようとせず、ささいなことで「危ない」「汚い」「だめ」という否定の言葉を発するように感じる。大人の思うように子どもをコントロールしようとする。これは子どもたちの自主性、意欲を奪うことになる。

遊びの森では、「自分の責任において遊ぶ」が大切な約束。子どもたちは親から離れ、自分で考えて工夫しながら遊ぼうと努力する。親たちもその姿を見守る。お金をかけなくても遊ぶ場所、学べる場所はたくさんあるということを知ってほしい。

（二〇〇四年六月一三日）

17　命の大切さを大自然の営みから学ぶ

長崎の小学校内で、児童が同級生の首をカッターナイフで切り、殺害するというショッキングなニュースがあった。ホームページの掲示板に悪口を書き込まれたから、というのが理由だそうだ。人と人とが、直接出会うことのない電子画面を通してのコミュニケーション、バーチャルリアリティーの世界では人の温かみ、命の重さを感じることができない。

先日、短大の学生一五〇人ほどに「人間は死んだら生き返るか？」という変な質問をしてみた。当然、「生き返らない」という回答がほとんどだったが、数人の学生が「生き返る」と答えた。「どうして」と聞くと、「死んだ後は、何かの形に生まれ変わること（輪廻）を信じている。だから生き返ると思う」と言う。なるほど、そんな考え方もあるか。

園庭の片隅に、乾いた砂のたまり場がある。よく見ると、逆円すい形をした穴がいくつかある。アリ地獄の巣だ。子どもたちは座り込んで、じっと観察をする。そのうち、何を間違ったのかダンゴ虫の親せきのような虫（名前はわからない）が、アリ地獄の巣に落ちた。出ようとして一生懸命もがいている。下からアリ地獄がパッパッと砂をかける。

子どもたちは巣に顔を近づけ、「頑張れ、頑張れ」と応援している。その虫が自力で巣穴から脱出すると、「やったー」と大歓声。また別の子は、生きたアリを捕まえてきて、アリ地獄の中に落とした。アリは脱出しようと必死でもがいているが、そのうちに力尽きて引き込まれてしまった。そのようすをじっと見ていた子どもたちは、何を感じたのだろうか。

亀に餌をやるために、ミミズをたくさん捕まえたR男。幼稚園に遊びにきたお客さんが、「そのミミズどうするの」と尋ねた。R男は、「亀にあげるんだよ」と何気なく言う。「え～、ミミズさんがかわいそう。亀に食べられたら死んじゃうよ」とお客さん。R男は不思議そうな顔をして、「だってミミズをやらなければ、おなかがすいて亀が死んじゃうよ。かわいそうだよ」と一言。お客さんは「それもそうね～、どうしたらいいんでしょ」と困った顔で答えた。

子どもたちは、自然の中で遊ぶことが大好きだ。「えんちょ～、探険に行こうよ」とせがまれ、七人ほど引き連れて森へ探険に出かけた。わざと密生したシノヤブに入り、クモの巣や、背丈以上のシノをかき分けながら、道なき道を進んでいく。途中ぽっかりと空間ができ、大人が五～六人は乗れそうな大きなおわん型の岩があった。皆が自力でよじ登ると、眺めがとても良い。

最後に遅れてきたR男が登ろうとするが登れない、そのうち、「登れないよ～」と泣きべそをかきだす。手助けをしないで、ようすを見ていると、「おい、おれの手につかまれ」とK男が手を差し伸べる。「よし、落ちないように持ってやるよ」、とその後ろからT男がK男の服を持つ。R男も手を出して引っ張り上げてもらった。全員が登頂できた。「ばんざーい、やったー」と自然に歓声が上がる。

幼い時に自然の中で経験するさまざまな出来事。遊びや日常生活の中で、虫や動植物の死に出合い、どんな小さな虫にも命があると感じられる経験。自然の中で大変な思いをしながら協力することの大切さ。人の手助けをすることのうれしさ。そんなことを、幼い心の中で感じられればよいのではないか？「ミミズがかわいそう」と大人が言うのに対して、「あ〜死んじゃった。もう動かない。命って重いんだな」と子ども自身の心で感じることが大切だと思う。

先日、遊びの森キャンプ場に通りがかりの父子連れが来た。子どもが虫の死がいを見つけて「お父さん、虫が死んでるよ。でも電池を入れれば生き返るかな」と言っていた。それを聞いたお父さんは、「何変なこと言ってるんだ」と笑っていた。本当にそれでいいの？

（二〇〇四年七月八日）

18　子どもたちの力を信じて見守ることが大切

先日、年長児の一泊キャンプが、遊びの森で行なわれた。事前に子どもたちと話し合い、生活から食事のメニューまでを決めていく。「自分たちのことは自分たちで」が原則のキャンプだ。

木の実幼稚園のキャンプは、通常のお泊り保育とはちょっとニュアンスが違う。まず、裏の竹やぶから竹を切り出す作業からはじまる。自分たちのお皿とコップを作るのだ。子どもたちのももより太い竹を切り出し、グループごとに担いで園庭に持ってくる。交代で節ごとにのこぎりで切ると、立派な自分のコップができる。

次に、節と節を残した竹筒をなたで半分に割ると、お皿ができる。一人がなたを持ち、一人が木の棒でなたをたたくという共同作業だ。刃物は危ないといって使わせないことが多いが、逆に安全な使い方と約束をしっかりと教え、使わせることが、安全教育につながると私は考えている。子どもたちは刃物の扱いに慣れたものである。

歩いてキャンプ場へ移動し、テントの設営をはじめる。事前に練習をしたが、実際に土の上で立てるとなると、なかなか難しい。ほかのグループも応援に来てくれた。自分たちの寝る場所が確保でき、手の空いた人から、ドラム缶風呂の準備でバケツリレー。準備が終わったら一休みをし、森の中で思い思いに遊びはじめる。

今年のキャンプ、教師たちにはちょっと心配ごとがあった。それは、ハンデを持った子が二人参加していたからだ。もちろん、親から離れて泊まるのは初めての体験。親も心配していた。森の中で大丈夫だろうか？　夜、寝られるだろうか？　ご飯を食べるだろうか？　沼でカヌーに乗って大丈夫だろうか？　心配はきりがない。

「でも、やってみよう。きっと大丈夫」と自分たちに言い聞かせ、キャンプへ突入した。普段の生活ではこだわりが強く、予測できない行動をするA男、家では睡眠障害で夜中まで起きていることもしばしばだという。食べ物も限られており、ほとんど食べようとしない。B男は多動で園でも目が離せない。森の中でどこかへ行ってしまわないか。沼遊びができるだろうか。

そんな二人の姿がキャンプでは違った。A男は普段あまり食べようとしないご飯や焼きそばを、おいしそうに食べた。夜も、予想以上によく寝ることができた。B男もまったく問題なく、皆と一緒に行動していた。

翌日、近くの沼でカヌー遊び。教師がこぐカヌーに楽しんで乗ることができた。全員ライフジャケットを着け、そのうちに何人かが泳ぎはじめる。私はあらかじめウエットスーツを着て沼に入っていたのだが、興味を持った子どもたちが、恐る恐る沼に入ってきた。水深三メートルほどの沼である。B男もそれを見て沼に入ろうとするのだが、足が届かなくなるとあわてて岸に戻ってくる。そんなことを繰り返していた。タイヤチューブの浮き輪にロープを縛り付けたものに五、六人がしがみつき、私が引いて岸から離れると大喜び。なかなかできない非日常体験を、思う存分楽しんだ。

A男とB男が皆と一緒に楽しく参加できたのは、教師たちの努力もさることながら、周囲の友だちが本当に温かく二人を受け入れてくれたから。グループの中に入っても、何気なく手伝ってくれたり、一言も不満を漏らさず楽しんでかかわってくれた。おかげで問題なくキャンプを終わることができた。

子どもたちの力を、ハンデを持った二人の力を、信じてあげることが大切だ。子どもたちには自分の力で頑張ってみようとする力、皆と一緒に楽しくやろうとする力がある。教師はこの力をしっかりと受け止め、信じてやらねばならない。ドキドキハラハラしながらも、子どもたちを信じて見守ることの大切さを、あらためて感じることができたキャンプだった。

（二〇〇四年八月一二日）

19　失われる、お母さんの「まなざし」

ある本に書いてあったのだが、人間の赤ちゃんは、チンパンジーやほかの哺乳類動物の赤ちゃんと比べ、お乳の飲み方に大きな違いがあるそうだ。猿など、一般の哺乳類動物は、おいしそうに一気にお乳を飲んでいくが、人間の赤ちゃんはそうしない。お乳を飲みながら「休む」のだ。五、六回乳首を吸っては休み、また、五、六回飲んでは休み、を必ず繰り返す。人間の赤ちゃんがお乳を飲んでいる限り、毎回、いつまでも続くという。

この行為は「遊んでいる」のか、「休んでいる」のかと思いきや、じつはここにはとても重要な意味がある。休んでいるのに「はー、はー」と言いながら、まだ座らない首を危なっかしく動かし、じつは一つのものを探しているのだそうだ。それはお母さんの顔で、その中の目《まなざし》を探しているのだ。ある意味で、お乳を飲むことを犠牲にしてでも続けるこの行為は、赤ちゃんの生命のためになくてはならない本能的な行為だと思う。これは母親との基本的信頼関係を築き、落ち着きと自信を育てる行為だそうだ。赤ちゃんと散歩に行く時に使う道具にベビーカーというのがあるが、昔は乳母車と言っていた。この二つには、構造的な違いがある。ベビーカーは進行方向に対して赤ちゃんが前を向いて座ることになるが、乳母車は後ろ向きに座って母親と顔を合わせる。いつも母親と赤ちゃんが目を合わせられる構造になっている。

オムツにしてもそうだ、昔は布のオムツが当たり前で、どこの軒先にもオムツが干してあった。今は使い捨ての紙オムツ。しかも吸収性がよく不快感を感じないというしろものだ。以前、私としてはショッキングな光景を見た。天気のよい公園で赤ちゃんを遊ばせていた、若くてきれいなお母さん。赤ちゃんのウンチが出てしまったので紙オムツを取り替えようとして、使い捨てのビニール手袋を手にはめ、取り替えはじめた。最後に、消毒液の染み込んだティッシュでお尻を拭いたのである。もしかしたら、今では当たり前のことなのかもしれない。幼稚園でも時々、子どもたちが失敗してウンチをもらしてしまう。教師は素手でウンチを取り換える。これは当たり前のことで、決して嫌な顔をしないように心がけている。子どもたちはこのことにより、安心して着替えることができる。

A男は時々、おもらししてしまう。濡れていても平気で遊んでいることがしばしばだ。教師が気づいて「取り換えよう」と声をかけると、「いいよ、いいよ」と着替えることを拒否する。よく聴いてみると、おもらしをすると母親に怒られるそうだ。「失敗してもいいんだよ」とA男の心に寄り添ってあげると、安心して着替えることができた。母親にもこのことを伝え、なるべく怒らないように助言した。A男のおもらしは、次第になくなっていった。

赤ちゃんがこの世に生まれて一番はじめに目にするのは、お母さんの優しい「まなざし」。目と目を合わせる時間をしっかり取ることにより、基本的な信頼関係が確立するという。この基本がちゃんとできることによって、スムーズな人間関係を築いていくことが可能になる。現在は便利な世の中になり、簡単かつ合理的に子育てができるようになった。赤ちゃんでさえ、他人（施設）に預ければ、哺乳ビンをくわえさせてもらい育てることができる。ベビーカーで前を向いてさっさと歩くことができる。紙オムツは使い捨て。コンビニに行けば何でも手に入る。母親が時間と手間をかける必要がなくなってきた。反面、失うものもたくさんある。一番大切な親子の信頼関係と母親の優しい「まなざし」も、その一つだ。

（二〇〇四年九月九日）

20　チャレンジ精神が生きる力を養う

今年も運動会の季節がやってきた。今年の運動会のテーマは「チャレンジ」。苦手なことや、今までにできなかったことにも挑戦してみよう、との思いからテーマを設定してみた。

今、出生率が落ち、少子化がどんどん進んでいる。一家族あたり平均一・二五人という子どもの数である。当然、子どもたちには十分に目が行き届くから、親の管理の中で生活することになる。一方で、親の就業意識は高まり、子どもたちは長時間、施設に預けられることになる。女性（三〇〜三四歳）の就業率は、一九七五年には四三・九％だったが、二〇〇〇年には六〇・三％と過半数を超えている。乳児期に親と接する時間が少なくなり、親との基本的信頼関係の確立が減少しているのは事実である。家庭の教育力はますます落ちるばかりである。少子化に歯止めがかからないのは、どういうわけだろうか。

政府の諮問機関である中央教育審議会は答申の中で、少子化の原因の一つに夫婦間の出産能力の低下を上げている。子どもの教育費は、大学卒業まで一人あたり約二一〇〇万〜二九〇〇万円かかるといわれ、親の育児負担では「イライラすることが多い」が、一九八一年の一〇％から二〇〇〇年には三〇％に増えている。児童虐待数は一九九〇年度が一〇一〇件、二〇〇一年度では何と二一・一倍の二万三二七四件に増えている。また、子どもを取り巻く住環境は、ここ数年で著しく発展し、家電製品やＩＴ機器などは、スイッチ一つで何でもやってくれ、合理的で便利な生活になってきた。反面、子どもたちの周囲からは、苦労や我慢、創造、工夫するという体験が奪われてしまった。ちょっとしたことであきらめたり、新しいことに取り組もうとしない子どもたちが増えてきている。いわゆる「無気力」、「生きる力」の欠如である。

最近、幼稚園にある高さ四メートルのツリーハウスに、盛んに挑戦する子どもたちが多くなってきた。竹から登る子、ロープから登る子、さまざまである。そんな子どもたちの姿を見て、「チャレンジ」というテーマが思い浮かんだ。これを運動会のテーマとし、競技にどう取り入れようかと教師間で話し合ったところ、探険隊を作って遊びの森まで探険する場面を表現しようということになった。ビールケースを四段ほど積み重ねて「崖」に見立てたり、竹の棒を立てて「木登り」に見立てたり、急坂を登ったり、くもの巣「網」をくぐったり、一本橋を渡ったり、いろいろな探険の要素を取り入れた内容になった。異なる年齢の探険隊を作り、年長児の隊長を中心にグループに分かれ、全園児が参加することになった。

早さを競うのではなく、皆が一つひとつチャレンジしながら進んでいくので、多少の時間はかかるが、子どもたちはじつに楽しそうである。年少児など今までツリーハウスに挑戦しなかった子も、竹登りや高いところから飛び降りることを楽しんでいる。失敗をするけれど、何回もあきらめずに挑戦することにより、子どもたちの心の中に自信がわいてくる。一つのことに自信を持つと、ほかのことにも挑戦しはじめる。

私の尊敬する先生の幼稚園が埼玉県にあるが、その幼稚園の裏の教育目標は、「踏んでも蹴っても死なない子」を育てることだそうである。私もそう思う。失敗しても、間違っても、再び挑戦できる強い心の子どもたちになってほしいと、心から願う。「踏んでも蹴っても死なない子」は、まさに「生きる力」そのものなのだ。自然の中で実際に、さまざまな出来事や感動に触れ、いろいろな挑戦をして、失敗をしながら工夫や努力をしていける子どもたち。チャレンジの精神を忘れずに育ってほしい。今年の運動会はそんな思いを込めて、テーマを決めてみた。

（二〇〇四年一〇月一四日）

21　父と子のキャンプ

一〇月最後の週に、遊びの森で恒例の父と子のキャンプを行なった。今回の参加者は父子の九組で、総勢三〇人が集まった。天気予報によると、二日とも雨。お父さんたちにとって、なんとなく憂うつな面があったかもしれない。集合時間にはすでに雨が降りはじめ、雨よけのシート張りに大忙しだった。でも、そこはお父さん。てきぱきと仕事をこなしてくれた。

あいにくの天気でも、せっかくだからテントを張りたいというお父さん。早速、持参したテントを張りはじめる。皆の準備が終わると、今度は食器づくりだ。木の実幼稚園のキャンプは、いつも食器づくりからはじまる。雨の中、子どもたちとお父さんはノコギリとナタを手に、意気揚揚と竹やぶまで歩いていく。お母さんたちだったら、どんな反応を示しただろうと、ちょっと考える。九家族で四本の太い竹を切び出し、担いでキャンプ場へ戻った。食器づくりを、子どもたちも喜んで手伝う。お父さんたちは「危ないからダメ」などと騒がず、笑顔で子どもたちの手伝いを受け入れてくれる。

いよいよ食器づくりだ。コップとお皿とお碗と箸を、各人がつくらなければならない。お父さんが押さえた竹を、子どもがノコギリで切ったり、お父さんがノコギリで竹を切るようすを、じっと見つめる子どもがいたり、さまざまである。ナイフを使って、上手に箸をつくる子どももいた。やがて、それぞれの食器ができ上がった。

年長のM子が、指を少し切ってしまった。お父さんは「大丈夫、大丈夫」と言いながら、さりげなく手当てをする。そのせいか、M子は泣かずに手当てを受けていた。とても大切なことだ。周りが大騒ぎをすると、子どもも不安になって泣き出すことが多い。大人が平然と対処すれば、子どもを安心できるのだろう。一休みして夕食の用意だ。あらかじめ決めておいた役割と手順で、仕事が進む。子どもたちも包丁で野菜を切ったり、火をおこすのを手伝ったり。雨の中の作業なので少々大変だったが、家庭では包丁を握ることが少ないというお父さんも、楽しんで夕食をつくっていた。

雨よけのシートの下で夕食会がはじまった。皆で食材を持ち寄った鍋と、ダッチオーブンで焼いた大きなローストビーフがメーンディッシュだ。飯ごうで炊いたご飯もふっくらとして、おいしそう。皆でワイワイやりながら、夜は更けていく。食べ終わると、子どもたちは雨の中を走りまわり、たき火を囲んで遊びはじめた。お父さんたちは、そんなようすを見守りながら、話に夢中になる。気温が下がり寒くなってきたのか、子どもたちはキッズキャビン（宿泊棟）の中へ移って、そこでもワイワイ、ガヤガヤにぎやかだ。お父さんたちも寒さの中、インディアンティーピーに移動して、たき火の周りに集まりはじめる。子どもたちも時々は、ようすを見にティーピーへやってきて、お父さんの姿を確認しては、また遊びに行く。

そんなことを繰り返しているうちに、キャビンのほうが静かになってきた。時計を見ると午後一一時だ。「そろそろ寝よう」ということで、お父さんたちもそれぞれ、子どもの元へ戻っていく。皆が寝静まり、しばらくして子どもの泣き声で目が覚めた。「誰かが泣いている。でも、きっとお父さんが起きて何とかするだろう」と思い、知らんぷりしていたが、泣き声がやまない。仕方なくロフト（中二階）に行ってみると、三歳のK

ちゃんが起き上がって泣いている。お父さんはどこだ？　と探してみたが、暗くてわからない。これだけ泣いているのに、熟睡しているのか誰も目を覚まさない。Kちゃんを抱きかかえると、しがみついてきた。しばらく抱いてると、やっと寝てくれたので寝床に戻ることができた。これもお父さんの役目かなと、苦笑いしたのだった。

翌日は雨も上がり、朝食の「遊ぼうパン」づくりも、子どもたちと一緒に楽しくできたことはいうまでもない。お父さんにとっても、子どもたちにとっても、煙のにおいとともに心に残る、貴重な体験だったに違いない。

（二〇〇四年一一月一一日）

22 「思いやり」ということ

先日、幼稚園の年長児を連れて盲老人ホームを訪問した。この施設とは長い付き合いで、毎年三回ほど子どもたちを連れてお邪魔する。訪問すると二つのグループに分かれ、お年寄りの部屋まで尋ねていく。なかには、風邪をひいたり、子どもが苦手というお年寄りもいて、全部の部屋は回れないが、多くのお年寄りと交わることができる。

ここのお年寄りは、目が見えないというハンデを持っているので、園児との事前の話し合いを大切にしている。まず、目が見えないということは、どういうことなのか、実際に体験してみる。ブラインドウォークを取り入れ、目が見えない怖さを体験してみる。次に、どうしたら目が見えない人に安心感を与えることができるのか話し合う。園児自ら手を差し伸べ、握手をする。言葉だけでなく、自分の体を触らせる。相手に触れながら、大きくはっきりとした声で話しかける。しかし、実際にお年寄りを目の前にして、すくんでしまう子も何人かいる。お年寄りが一生懸命話しかけても、口を閉じてしまい話そうとしない。そこで少し助け舟を出してやると、何とか話すことができる。なかには、感激して涙を流すお年寄りもいる。子どもたちもそれを見て、うれしそうな顔をする。家庭の中にお年寄りがいたり、大家族の中で生活している子どもたちは、積極的に話をする姿が見られる。どうも家庭環境にもよるらしい。しかし、訪問終了後の子どもたちの顔はすがすがしく、「ボク、いっぱいうたをうたったよ」「おばあちゃんがハーモニカふいてくれたんだよ。とてもじょうずだった」「おばあちゃんがね、ないてよろこんでくれたよ」などと、満面の笑顔で話をしてくれる。子どもたちの心の中に、温かいものが流れる瞬間だ。

短大の非常勤講師を頼まれ、今、クラスを持っている。そのクラスの授業で、信頼関係を身につける体験的なゲームを行なった。相手のことを信頼してまかせるだけでなく、相手に不安や恐怖を与えずに、気持ちを支えていくにはどのように配慮したらよいのか、という内容である。最初はふざけ半分だった学生も段々と真剣になり、相手に不安を持たせないために、工夫する姿が見られた。最後の感想では、「相手を思いやることの大切さや、難しさを感じた」という意見が多く出た。

新聞では、自己中心的な考えからの犯罪が多く報道されている。自分さえよければ、周りはどうでもいい。自分が楽しければ、それでいい。人の命の大切さもわからずに、簡単に傷つけたり殺したりしてしまう。コンピューターゲームでも簡単に人を倒したり、破壊する場面があるが、リセットにより、すぐに生き返る。

テレビ画面でも、殺人の場面が日常的に流れている。コンピューターや携帯電話の普及に合わせ、社会環境がここ十数年で大きく変わってきている。人の考えも大きく変わってきているように感じる。それに合わせるように、ここ数年、少子化対策や次世代育成支援、総合施設など、いろいろな政策が出されているが、本当に子どものことを考えて行なわれていることがどれだけあるだろうか、疑問を感じる。親の都合を重視して行なわれる政策ではなく、もっと子どもの目線に立った、子ども本来の支援を行なっていくことが求められる。そうしなければ、幼稚園や学校で「思いやりの教育」と口うるさく言っても、何ら変化はないと思う。

幼い時から、家族や周囲の大人たちの愛情をたっぷり受けるという経験を積んでいくことが、今、大切である。人間は人から愛情を与えられることにより、人へ愛情を与えられるようになるのである。幼稚園でも人から愛情を与えられたり、人へ愛情を与えたりなど、いろいろな経験を積んでいきたい。もうすぐクリスマス。世界中の人たちが、心から優しくなれるように願うばかりである。

（二〇〇四年一二月二三日）

23 ゆったり丁寧な子育てを

東北大学大学院教授の渡部信一先生の著書『自閉症児の育て方―笑顔で育つ子ども達より―』（二〇〇四年ミネルヴァ書房刊）を読んでいて、「丁寧な子育て」と「訓練的な子育て」という言葉が目に留まった。

この中で「訓練的な子育て」とは、幼児が学校や社会へ出た時に失敗しないよう、小さい時から訓練的な教育をする、ということであるらしい。ハンデを持った子どもたちが大人の言うことを聞き、社会で活動できるように、一方的な大人の考えで指導していくのである。ハンデを持たない幼児でも、小学校へ行って失敗しないように、幼い時からいろいろなことを覚えさせる必要があるなど、早期教育に見られるように習い事や塾などに行かせ、親が一方的に指示を与えていくことは、「訓練的な子育て」に当てはまる。一方、「丁寧な子育て」は、子どもの成長に合わせ、ゆったりと子育てすること。親が心に余裕を持ち、ゆったりとかかわること。時には失敗や挫折してもよい。子どもに考える時間を提供する。そして、親がその後から必要に応じて手助けをしていくのが良い。先回りして子どもに道を備えるのではなく、子どもと一緒に歩んでいくことだといっている。

幼稚園では探険遊びがはやっている。園の西側に荒れた休耕田があり、太い篠《しの》がびっしりと生えている。子どもたち数人を連れて、その中を探険した。篠ヤブの中ほどに入り、持っていったのこぎりで篠を切って、ちょっとした空間を作る。子どもたちは「わーっ、秘密基地ができた。今度はボクの部屋を作ろう」と、篠をかき分けながら奥へ進んでいく。軽い自閉的傾向を持つA男も、子どもたちの後に付いていく。力がないため、篠をかき分けるのが大変なようだ。しかし、あえて手伝わない。A男も助けを求めようとせず、黙々と友だちの後を付いていく。

年少児のB男は普段、部屋の中での遊びが多い。「ボクは探険いくの、はじめてなんだよ」と、ちょっと不安顔。篠ヤブの中に入ると「えんちょーっ、助けて〜、行けないよ〜」と叫ぶ。やはり。あえて手助けしないで、「こっちへきてごらん」と何度か誘うと、段々と慣れてきたのか、「ボクも部屋を作ろう」と言って、篠ヤブのわずかな空間を探し出し、ちょこんと座って「ボクの部屋だ」と喜んでいる。確かに、幼児にとっては大変な篠ヤブ。あらかじめ篠を刈って道を作ってあげれば、もっと楽に移動できるだろうが、それでは探険遊びはここまで盛りあがらないだろう。子どもたちは篠ヤブの中を自由自在に動き回り、自分専用の部屋をいくつも作った。また、別の場所では「ボクたちの遊び場を見つけた」と言って、木に絡まっている太い藤ツルでブランコを作ったり、「滑り台だよ」と言って、崖から滑り落ちたり、つる草で覆われた場所を指して「ここはボクの家だよ」と教えてくれるなど、いろいろな発見があった。

また、こんなことがあった。園の行事で餅つきパーティーを行なった。毎年恒例の行事で、養護施設の方々や幼児たち、養護学校の高校生や福祉作業所の人たち、総勢六〇名ほどを毎年招き、皆で餅をついたり一緒に食べたり、楽しいひとときを過ごす。養護学校の高校生が、園庭に置いてある汽車のおもちゃに乗っていた。どうやらお気に入りらしい。そこに年中児のC男と年少児のD子が近づき、かかわりはじめた。C男は高校生のお兄さんの肩によじ登り、D子は目の前で盛んにお兄さんに話しかけている。お兄さんも嫌がることなく、ニコニコと話している。帰りがけにお兄さんが、うれしそうに話してくれた。「ボクね、お友だちができたんだ。たくさん話せてうれしかった。頭をぺんって、たたかれたけど、うれしかったんだ」と。

「丁寧な子育て」とは、こんなことかなと思った。大人側からの思いを押し付けるのではなく、子どもの思いを受け止めながら、ゆったりと子育てをすること。必要に応じて手助けをすれば、それで良いのかな。親がきちんとさせようとイライラすると、子どもたちもイライラしてしまう。ゆったりとゆっくりと、丁寧に子育てをしよう。

（二〇〇五年二月一〇日）

24 お母さん、笑ってよ

三月に入り、卒園式の時期を迎える。このころになると、心も体も落ち着かない日々が続く。子どもたちには大きな成長が見られ、毎日集中して遊んでいる姿が、あちこちで見受けられる。「えんちょー、遊ぼう」「探険にいこうよ〜」「ねえ、カブトムシの絵を描いて」など、いろいろなことを話しかけてくる子どもたちに対して、「ちょっと待って」とか「今、忙しいから後で」とか、とついつい言ってしまう。「これではいけない。子どもたちは今が大切なんだから。今、付き合わなくては」と重い腰をやっと上げるこのごろだ。とても反省している。

卒園記念文集を作るのに、毎年、保護者の方に記念文集の原稿を書いてもらっている。そんな折、A子のお母さんの原稿に目が止まった。(以下原文)

――二年前の入園式当日、喜びと期待に胸を膨らませていたA子とは対照的に、私は不安のあまり体中が緊張しきっていました。思えばこの二年間、幼稚園でのA子のようすは予想以上にマイペースで、見ているほうはいつもハラハラドキドキの連続でした。ほかの子どもを見ながら、私はいつの間にか「しっかり」「はやく」「がんばって」「みんなと同じように」という言葉が口癖になっていました。そんなある日、A子が「ママ、笑ってよ。A子おりこうになるから。ふざけないから。ママは笑っているとかわいいね」

と言ってきたのです。考えてみれば、このところ余裕がなくて子どもに笑いかけることがめっきり減っていたような気がします。この言葉はかなりショックでした。今でも時々、私の顔をのぞき込みながら、「A子、がんばるからね」と言ってきます。そんな時には「A子、大丈夫だよ。いっぱいがんばっているよ。今のままで十分おりこうだよ」と心の中でつぶやいています。木の実幼稚園でいろいろ体験したことは、A子にとってかけがえのない思い出になっていると確信しています。これからまだまだいろいろな出来事が起こると思いますが、私たち親子らしくゆっくりゆっくり歩んで行きたいと思っています。そうそう、たまには自分の顔を鏡に映して笑顔のチェックをしなければ……かな？　母より――

この文章を読んで、とても考えさせられた。先日、子どもたちとこんな話をした。「えんちょう、ボクのおかあさんね、いつもおこるんだ」「ぼくのおかあさんも、すぐにおこるんだよ」。「でも、おこられるようなことをしたんじゃない？」。ニタっと笑い「……」。「ふ～ん、でも、おうちの中で一番遊んでくれるのは誰？」「おかあさん」。「じゃあ、皆のことを一番助けてくれるのは誰？」「おかあさん」。「じゃあ、一番好きなのは誰？」「おかあさん」。

結局、お母さんにはかなわない。子どもたちはお母さんが大好きだ。そんな大好きなお母さんが、いつもおこっていたらどうだろう。いつもイライラしていたらどうだろう。いつもどなっていたらどうだろう。いつもお父さんとけんかしていたらどうだろう。いつも笑顔がなかったらどうだろう。いつもほかの子と比べていたらどうだろう。子どもたちの心は傷つく。子どもたちの心もさみしくなる。子どもたちの心もイライラしてくる。子どもたちもどなりはじめる。

でも、お母さんも大変だよね。家事をこなし、子育てをこなし、仕事をこなし、疲れる時もあるよね。だから息抜きも大切なんだ。時には手を抜くことも必要なんだ。でも、子どもたちの前では笑ってよ、おかあさん。子どもたちにとって、それが一番のしあわせなんだ。

あなたはあなたのままでいいんだよ。背伸びしなくていいんだよ。そのままのあなたが大好きだよ。あなたはあなたのままでいいじゃない。あなたはあなたらしく、私は私らしく生きようじゃない。そうすれば、きっと笑顔でいられるよ。


（二〇〇五年三月二四日）

25　がんばらなくてもいいよ

新学期がはじまった。毎年のことだが、新入児はなかなか幼稚園に慣れず、泣きながら登園してくる。「お母さんがいい」「お母さんに会いたい」と泣き叫ぶ姿には心が痛む。四月の初めに三歳になったばかりのA子が登園してきた。言葉もはっきりと話し、はきはきしたしっかり者なのだが、時々思い出したように「おかあさんがいい」と泣き出す。無理もないと思う。今まで母親と生活していたのに、急に離れて団体生活に入ってしまうのだ。でも本人の中に「しっかりしなければ」という気持ちがあるようで、お帰りのころになると、「今日、いい子にしていたでしょ？　でも泣いちゃった」と話してくれる。

年長のB子の弟が年少で入園してきた。弟はB子にすっかり頼りきり、ちょっとでも姿が見えなくなると泣き出してしまう。長女でしっかり者のB子も、弟の面倒を見なくてはと強い使命感に燃えている。母親が仕事を始め、預かり保育にも参加するようになった。二、三日たったある日の朝、B子が大泣きしながら母親に抱かれて登園してきた。幼稚園に行きたくないというのである。B子の気持ちが教師にも痛いほどわかった。母親が仕事をはじめたため、幼稚園では弟の面倒を見なくては、という強い思いが、いつのまにかB子の心の中に負担としてのしかかっていたようだ。母親もそのことを察知し、家では十分にかかわるように努力したり、「弟の面倒を見なくてもいいんだよ」と話してくれているらしい。それでもここ何回か、大泣きして登園してくる。大泣きした後は気持ちを切り替えて遊びはじめるが、どうも弟のことが気になるらしい。やはり弟の面倒を見ようとする。教師が「お友だちと遊んでいいんだよ」と声をかけるが、「いいよ」と言って弟から離れない。使命感の強いB子だからこそ、逆に心の負担が大きくなっているようだ。教師もなるべく弟とかかわって、B子と別行動を取らせようと努力する。もちろん、時間が解決してくれるだろうが、今のB子の気持ちを大切にしながら、心の負担を減らしていけるよう話し合った。

子どもたちは、親の期待に一生懸命応えようと努力する。大好きなお母さんやお父さんが喜ぶことをしようと努力する。親の前や教師の前では「いい子」でいたいと努力する。でも、そこでは自分を抑えなければならない。幼い子どもでも自分の気持ちを抑えようと努力できるのである。大人からの励ましで「がんばってね」「しっかりね」と言葉をかけられると、子どもたちは「よし、がんばらなくちゃ」「しっかりしなくては」と心に思う。しかし、このことが知らないうちに、子どもたちの心の負担になっていく場合もある。

今年度一年間の保育目標を「立ち止まって向き合う」と設定した。教師自身が行事や日常の忙しさに追われて子どもたちの姿を見失わないように、時には「立ち止まって、振り返って、子どもたちとしっかりと向き合って、その気持ちを受け止めていこう」という内容である。幼稚園は「楽しいところ、大好きな友だちがいるところ、大好きな先生がいるところ」ということを、子どもたちに理解してほしい。そのためには、子どもたち一人ひとりの気持ちを受け止め、そのままの気持ちを理解していく努力が必要だ。

年度の初めに保護者の方にお願いした。「子どもたちは子どもたちなりに、一生懸命がんばっているのです。あえて、『がんばって』や『しっかり』という言葉かけは必要ありません。『楽しんで遊んできて』とさりげなく声をかけてください」。

時には「がんばらなくてもいいんだよ」と声をかけてあげることも必要だと思う。

（二〇〇五年五月一二日）

26　キャンプ体験で次の挑戦へ〝助走〟

六月の終わりに年長児有志によるツリーハウスキャンプが行なわれた。八人の年長児が参加した。ツリーハウスに登っている時に「ここで寝てみたいね」という話になり、急きょ決まったのである。ツリーハウスキャンプへの参加は、あくまでも子どもたちの意思を大切にし、親が強制してはいけないということで申し込みを受けた。まだツリーハウスに登れないA男の母親から「どうしても泊まりたいと言うのですが、ツリーハウスに登れなくても泊まって良いのですか？」と聞かれ、「大丈夫ですよ」と話した。A男は途中まで登ろうとするが、その後が怖くてどうしても登れない。そのうちにあきらめてしまったのか、挑戦しようとしない。子どもたちは乗り気満々だったが、親がずいぶん心配していたようだ。「寝相が悪くてツリーハウスから落ちないか」、「夜暗い時に登り下りして大丈夫か」と聞かれた。「八人という人数なので、全員が寝ることはできないから多分、保育室で寝ます」と話し、安心してもらった。その日の夜、食事を済ませ、お風呂代わりのプールで遊んでからパジャマに着替え、ツリーハウスに登ろうということになった。夜の八時三〇分ごろである。何人かは、ツリーハウスに泊まりたいと主張したが、「人数が多いので寝るのは保育室だけど、夜のツリーハウスを体験しよう」と、皆が登った。A男はどうしているかなと、ツリーハウスから下をのぞいた時である。「誰かが登ってくるよ」と子どもたちが言うので見ると、何とA男が必死になって登っているのだ。「先生、Aちゃんが登っているよ。光を照らしてやろうよ」と、必死の形相のA男にみんなで「がんばれ〜、もう少しだぞ」と声援を送った。とうとう登ったA男の顔は、とてもうれしそうだった。一人取り残されて決心したのか、今まで怖がっていたツリーハウスに挑戦して、ついに登ることができたA男である。その後、いろいろなことに挑戦しはじめたのはいうまでもない。

一学期最後に、年長児による一泊キャンプが行なわれた。年長児全員が参加して遊びの森キャンプ場で行ない、「自分のことは自分で」を目的とした。最初に竹を切り出し、自分のコップとカレーライスを入れるお皿作りからはじまる。グループごとに分かれて竹を切り、なたで割ってお皿とコップを作った。キャンプ場へ行くとテントを張り、自分たちの泊まるキッズキャビンの掃除。一段落したらドラム缶風呂の用意だ。水道がないのでタンクからバケツに移した水をバケツリレー。子どもたちは自分の役割をしっかりとこなす。

翌日は近くの沼でカヌー遊び。自然が多く残っている沼でカヌーをこいでいるだけでも気持ち良い。水深三メートルほどの沼なので、全員がライフジャケットを着用する。園長は安全のため、ウェットスーツにダイビング三点セットをつけて沼に入る。昨年もそうだったが、沼に入りたいと勇気のある何人かが泳ぎはじめた。もちろん近くでサポートするが、足が着かない沼である。最初は緊張していたが、慣れてくると自分から泳ぎはじめた。そのうち「ボクも、ワタシも」と言いながら、子どもたちが泳ぎはじめる。怖くてしがみついてくる子もいるが、慣れると自分から泳ぎ出す。とうとう全員が泳いでしまった。母親が四月から仕事をはじめ、毎日泣いて不安そうに登園していたB子も泳ぎはじめた。キャンプ初日、家に帰りたいと大泣きしたC子も沼で泳いだ。ツリーハウスにやっと登れたA男も、怖いながら沼へ入った。全員が、怖い気持ちながら、やってみたいという意欲を丸出しにして、沼遊びに挑戦した。キャンプでは非日常的な体験ができる。その体験の中で、いろいろなことに挑戦しようという気持ちが育つ。子どもたちの意欲のすばらしさ、そしてすごさを体験できたキャンプだった。

（二〇〇五年七月二八日）

27　非日常体験がはぐくむもの

今回で一六回目。遊びの森キャンプ場で、木の実幼稚園の卒園生を中心に四泊五日ののんびり冒険キャンプが行なわれた。なるべく規則やプログラムを作らず、のんびり非日常体験をしようというものだ。今年は、小学一年～中学生の三二人が参加した。遊びの森には水道がない。二リットルの水が入ったペットボトルを一日一本配給する。飲料水から生活用水まで、その一本で過ごさなければならない。使う道具はナイフ、のこぎり、なた。竹を切り、なたで割って、食器作りからはじまり、調理や製作はすべてナイフで行なう。ナイフの便利さを知り、正しい使い方と使う上での約束を教える。初めて使う子もいて皆、真剣に話を聞く。

二日目、近くの沼でカヌー遊び。三艇を用意し、こぎ出す。そのうち水の中に飛び込み、泳ぎはじめる。三メートルほどの深さである。全員がライフジャケットを着用して、広い沼を自由に泳ぎ回る。多少水が濁っているが、お構いなし。水を怖がる子は誰一人いない。

飽食の時代、子どもたちに「腹へった〜」という経験をさせたくて、食事も簡単なものにする。時にはジャガイモ一個、パン一つの時もある。三日目の夕食はマスとピーマンの丸焼き。生きたマスをさばいてみる。子どもたちは「きもちわるいー」「かわいそー」と口々に言うので、「魚の切り身も、鶏のから揚げも、最初からこんな形になっているんじゃないよ。誰かがさばいてくれるから食べられるんだよ。動物たちの命をいただくことで、初めて食べることができるんだ。だから命を『いただきます』といって食べるんだよ」と話す。その過程を知ることで、命の大切さに気づいてほしいとの思いがある。子どもたちも、どうやら納得したようだ。自分でさばき、内臓を取り出したマスを「おいしい」といって奇麗に食べた。ピーマンが嫌いだった子が、ピーマンの丸焼きをむしゃむしゃ食べた。

五日間のうちには、いろいろなトラブルがある。今回、子ども同士のトラブルも多かった。ちょっとしたことでケンカしたり、泣いたり。スタッフにはなるべく子どもたちで解決させようと話し、見守ってもらった。そうすると、不思議と子どもたち同士での解決が行なわれた。大人が強引に解決すると、子どもたちの心には不満が残る。危険がない程度に見守りたい。

夜寝る場所もさまざまだ。テント、キャビン、インディアンティピー、それでも寝る場所が決まらない子は外で寝た。ある子はハンモックの上で。ある子はいすを並べて。葉が覆い茂った木の下は露も下りず、涼しくて一番快適な寝床だったかもしれない。私もキャンプ用のベッドを木の下に置き、二晩過ごした。朝方は寒いくらいで、とても快適だった。

序盤に夜更かしをして遊び回った子どもたちは、三日目になると疲れがピークに達したようだ。体が疲れると、心もさみしくなってくる。おなかが痛くなったり、熱を出したり、何度も吐いたり、泣いたり、それぞれの方法でさみしさを表現する。高学年の子も「家に帰りたい」と、ぽつりと漏らす。何もしないで一日寝転がっている子もいた。この時ばかりは、ある程度の甘えは受け入れた。小学一年の女の子は、「エンチョウといっしょがいい」と一日中へばりついていた。

五日目。子どもたちにとっては、待ちに待った帰りの日だったはずだが、「もう終わりなの？　もっと泊まりたい」と言い出す。お別れ会で子どもたちが涙を見せた。「リーダーと別れたくない」。A男が大泣きしてスタッフのところに来た。スタッフも涙を流し別れを惜しんだ。キャンプで一番トラブルが多く、しかられることも多かったB男も泣いた。五日間いろいろあったけれど、子どもたちの心の中に、目には見えない何か大きな物が培われたようだ。子どもとスタッフの涙がその証拠。とても収穫の多いキャンプだった。

（二〇〇五年八月二五日）

28　命の存在に気づく体験を

画像の中でペットを育てるゲーム遊びが、再びブームになっている。新聞報道によると、通信機能を持った物も販売され、知らない人同士が互いに画像の中でペットを飼育できるという。私は、このブームに対して非常に危機感を持っている。また、ネット自殺も同様である。全く知らない人同士がネット上で自殺志願者を募り、一緒に自殺するというものだ。

両者には共通点がある。まず、命の大切さを感じることができない。ペット飼育ゲームの中では、仮想の餌を与え世話をすることによりペットが育つが、世話をしないと死んでしまう。死んだら、また最初からやり直しというように、何度も生き返る。ネット自殺もそんな感覚なのだろうか。自分たちの命をいとも簡単に捨ててしまう（こちらは生き返らないが）。

この夏、幼稚園の子どもたちの間では、虫探しが大流行だ。幸いなのは、子どもたちがカブトムシやクワガタムシを手に入れるのに、電灯の下や森の中で自分で探せること（なかにはお店で買う子もいるらしいが）。少なからず虫の生態を知り、実際に自分の手で触ることで、生命の存在に気づく。

今はカブトムシ等はいないので、アゲハやガの幼虫、カマキリやコオロギ、バッタなどを探している。年少児などは砂場のバケツに砂を入れ、小さな甲虫や団子虫などを捕まえては入れている。捕まった虫はたまったものではない。年長児のA男は、ペットボトルで作った飼育箱にカタツムリを入れてみせにきた。数枚の葉と水がたくさん入っていた。「この水じゃ、カタツムリおぼれちゃってかわいそうだね」と言うと、「え、水をいっぱい入れちゃだめなの？」と驚いたように慌てて水を捨てていた。

ユズの木の下の塀にアゲハの幼虫がいた。グロテスクな姿をしているので、子どもたちは最初は気持ち悪がり、触ろうとしない。教師が触ると、威嚇してオレンジ色の角をにゅっと出した。そのようすが面白かったのか年長児のA男が何回も背中を突つき、最後にはつかんで手のひらに載せて遊んでいた。もちろん幼虫はたまったものではない。次の日にはもっとグロテスクなガの幼虫がいた。しっぽの部分には長い突起状の角があり、触るには勇気のいる姿だ。園児の一人が恐る恐る触り、大丈夫だとわかるとほかの子も触り出した。

このように捕まえる、触る、つかむ、手に載せてみるという経験はとても大切だ。甲虫《かぶと》の硬さ、幼虫のぶよぶよ感、もこもこ動く感触というのは手で触らなければ感じられない。子どもたちはこれらの経験を通して生命の存在に気づいていく。触りすぎて死んでしまうことがあるかもしれない。本物の虫たちは、一度死ぬと生き返ることはない。虫にはかわいそうだが、触っているうちに死んでしまったという経験をすることも大切だ。

画像の世界でこれらの経験をすることを、バーチャル（空想）リアリティー（現実）という。いつの間にか画像の中と現実の世界を混同してしまい、どれが現実でどれが画像（空想）の世界なのかわからなくなる、恐ろしい現象である。「死んだカブトムシに電池を入れれば生き返る」、と考えている子どもも実際にいる。子どもは本来、自然の中で実体験を通して生きるための知識や知恵を学ぶ。若年層による殺人事件や殺傷事件、また、自分だけよければいいというオレオレ詐欺などの事件。ますます発展していくネットやバーチャルな世界の中で生活していかざるを得ない子どもたち。子どもが幼い時に、何を与え何を経験させればよいのか、我々大人が真剣に考える時期にきていると思う。大人が負うべき大きな大きな責任である。

（二〇〇五年九月二二日）

29　激変する環境の中で、模索する子育て

今年度、木の実幼稚園は創立五〇周年を迎えた。いろいろな人に支えられ、ここまでこられたことをあらためて感謝したい。記念として、幼稚園の子どもたちを中心に園の写真集を作成した。これにはこだわりがあった。幼稚園の歴史を追うのではなく、今、行なっている保育を中心に写真を集め、誰が見てもわかりやすい内容で、少しでも子育ての参考になるものをと考えてみた。配ってみたところ、なかなか評判が良いようだ。

私は、五〇年前にはまだ生まれていなかったが、当時と比べると世の中は大きく変化している。私の幼少期は、まだアスファルトの道はなく、馬車が通っていた。当時の写真を見ると、男の子は丸坊主頭、女の子はおかっぱ頭がほとんどである。それからみると、子どもたちの姿や遊びも、考えられないほど大きく変化してきた。

なかでも、ここ十数年だろうか、地域社会や人の考え、子どもたちの遊びが、急な早さで変わっている。

コンピューターや携帯電話などが飛躍的に発達し、さまざまな情報が簡単に手に入るようになった。高齢化が進み、少子化が深刻になってきた。コンビニに行けば何でも手軽に手に入るし、コンピューターゲームなどの普及により、バーチャルな世界で生きる子どもたちが多くなってきた。

幼稚園を取り巻く状況も、少子化とともに大きく変化してきている。幼保一元化や次世代育成支援などが叫ばれ、内容も把握できないまま、言葉だけが一人歩きをしているようにも感じる。今、話題になっているのが総合施設である。これは幼稚園でもない保育園でもない両方の機能を兼ね備えた施設を指す。しかし、これもはっきりとした姿が見えず、幼稚園関係者も戸惑っているところだ。

大人側の考えがどんどん一人歩きをし、子どもたちが取り残されていくのを強く感じる。大人の都合で施設に預け、他人に教育を任せることが当たり前のように行なわれている昨今、子どもたちが変わってきたというのは、あまりにも自分勝手な言いぐさだと感じてしまう。子どもたちは本来、自分から良くなろうという気持ちを持っていると思う。真っ白なカンバス地のようなものだ。周囲の環境によってどうにでも色が付いてしまう。小さいころから親が十分に愛情を注ぐ時間を持ち、じっくりとかかわることができれば、子どもたちも人を信頼し、人に愛情を注げる人間に成長するだろう。自然の中に出て、虫や動植物とかかわることにより、命の大切さを知ることもできるだろう。

でも、今はなかなかそのような時間を持つのが難しくなってきている。子育ての楽しさが感じられない一方で、負担を感じてしまう親も少なくはないようだ。子どもとのかかわり方がわからず、暴力を振るってしまったり、子育てを放棄してしまったりといった、悲惨なニュースも多くなってきた。

では、幼稚園として何ができるのだろうか。親が自ら楽しんで子育てにかかわることが何よりも大切だと考える。しかし、「子育てを楽しみなさい」というと、かえって負担を感じる親も少なくない。幼稚園では「頑張らなくてもいいんだよ」「もっと肩の力を抜いていこうよ、お母さん」「一緒に楽しもうよ」と、気軽に声をかけられる場所作りを提案していきたい。そのために幼稚園でどんなことができるのか、これからの課題でもあるだろう。

（二〇〇五年一一月二四日）

（「群馬よみうり」［週刊］連載コラム「子育て」　二〇〇二年九月～二〇〇五年一一月　群馬よみうり新聞社発行）

〔連載コラム〕森の幼稚園で

1　楽しい子育て

先日ある講演会でショッキングな話を聞いた。総務庁の統計調査で各国の母親に「子育ては楽しいか」と質問したところ、「楽しい」と答えた人は、フランス人七七％、イギリス人が七一％、アメリカ人が五〇％、なんとわが日本人は二一％の人たちが「楽しい」と答えたのにとどまったそうである。この統計を裏付けるように幼稚園への就園率が低くなっている。全国的な少子化も確かに大きな要因の一つだが、どうもそれだけではないような気がする。多くの保育園や保育所では待機児童がいて、定員の枠を超えて入園させている。夫婦共働きという状況も一つの要因だろう。しかし気になるのが「子育てが楽しい」と答えた人が二一％ということ。それでは残りの七九％の人は「楽しい」と思っていないのだろうか。

私の幼稚園にはお母さんたちの自主的なサークル活動がある。園芸、クラフト、図書、ベルマーク、クッキングの五サークルである。参加は自由で、やってみたいサークルを選べることができる。なかには複数のサークルに在籍し活躍しているお母さんも沢山いる。園芸サークルは子どもと一緒に園の畑で野菜を植え、収穫まで楽しむ。クラフトサークルはその日のテーマを決め、自分たちの好きなものを造る。余分に造ってバザーに出品する。図書サークルは園児への読み聞かせと本の貸出し。学期に一回はお母さんたちが全園児の前でパネルシアターや手遊び、大型絵本などを披露してくれるお楽しみ会を開く。ベルマークサークルは、地道ながらもベルマークを集めることにより、大きな物を購入することができる。

園では毎日お弁当を持参する。それがお母さんたちにとって負担になっているのも事実である。去年から週に一回パン食の日が設けられた。するとお母さんたちの中から、子どもたちに手作りのお昼を食べてもらいたいという声で、クッキングサークルが誕生した。学期に一回のペースで沢山のお母さんたちが幼稚園に来てお昼を作って提供してくれる。だから幼稚園にはいつもお母さんたちの姿が見られる。「できる人が、できる時に、できる事を」をモットーに、それぞれのお母さんが楽しんでいる。まず、親自身が楽しんでその結果、子どもたちのために役に立つ活動と捉えている。しっかりと自分たちの好きなことを楽しみながら、子育てを楽しんでいるお母さんたちに拍手。

2　子どもたちの今

春暖かな五月、幼稚園の園庭には藤の花が満開だ。今年は花の付きがよくびっしりと藤棚を覆った。長いものをメジャーで測ると一メートル四五センチもあった。知らない人が道端に自動車を止めては眺めていくほど見事に咲いた。

さて、この藤が一年間を通して子どもたちの格好の遊び道具となっている。春、薄紫色の花が咲き、甘いにおいのする砂場で子どもたちは遊ぶ。長く垂れ下がるので子どもたちの手の届く花房はむしられ、ままごとのおかずになる。そのそばを、ブーンと大きな羽音を響かせクマンバチが飛び回ると、子どもたちは大騒ぎ。逃げ回る子はまだよいのだが、棒を振り回して叩き落そうとする子もいる。そんな時、「このハチはとってもやさしいハチだよ」と伝えると、子どもたちもやさしい心になる。初夏の六月ころ、花がすっかり落ちて小さな藤の実がつく。子どもたちは「とって、とって」と大騒ぎ。やはりおままごとのおかずになる。夏にはびっしり茂った涼しい葉の下で砂遊びに熱中する。多少の雨が降っても藤棚の下はぬれることがない。九月、藤の実は大きく硬くなってくる。子どもたちは「注射（藤の実）を取ろう」と藤棚にハシゴをかけて登る。はしごには長い列ができ、先を争って大きい注射を取る。一二月、長く伸びきったつるを切って、丸めると素敵なクリスマスリースになる。寒くなって葉が落ち、葉のついていた茎も落ちる。子どもたちは競って茎を拾い、束にしたものに棒をつけると上等なホウキができる。何日かは家の中もきれいになることだろう。一月、落ち葉が砂場を覆うので、毎日の掃除が大変。その落ち葉を使って焼きイモ大会がはじまる。砂場で遊んでいると、パチンパチンと音がする。よく見ると注射が乾燥してはじけて種が飛ぶのである。子どもたちは競って拾い集めポケットをパンパンにする。そんな遊びが、一年を通して藤棚の下で展開する。

子どもたちはこの中でさまざまな智恵や、創造性を身につけていく。まさに子どもたちは遊びを作り出す天才だ。子どもたちの中に決まった遊びはない。自分たちで考え自分たちで作り出す。それが子ども本来の姿ではないだろうか。子どもたちが「今」しかできないこと、それを補償してあげるのが大人の役目だと思っている。その「今」しなければならないことは、読み書きや計算、大人の指示に従うことなどの早期教育ではない。「遊び」そのものである。

3　共に生きる

毎年、幼稚園に心や知能や身体にハンデをもった子どもたちが入園してくる。言葉がなかったり、情緒的に不安定だったり、人とのかかわりが苦手だったり、歩けずにハイハイをしたり、車椅子を使ったり、さまざまである。でも幼稚園では皆と一緒に普通に生活をしている。もちろん、その中で皆と同じように行動ができないことはたくさんある。集団の中に入れずに外へ飛び出してしまうこともある。自分の意思をうまく伝えられずに友達をたたいてしまったり、かじってしまうこともある。

自閉的傾向といわれ入園してきたNちゃんは水遊びが大好き。登園してくると、水道の前に立ちジャージャー水を流す。夏場はまだよいのだが冬になっても水いじりが止まらないので、風邪をひかないかと心配になり制限してしまう。Tちゃんは砂いじりが大好き。さらさらの乾燥した砂を握っては地面に落としていく。砂ほこりを吸い込んでは咳をしているので、心配になり制限してしまう。Sちゃんは空に向かって手をかざし振っている。

これらの行動は大人の目から見ると非社会的な行動である。しかし、彼らはこれらの行動を繰り返すことにより、安定していられるそうである。実際これらの行動をしているときは、ニコニコ笑顔がすばらしい。でも制限されると奇声をあげ、暴れまわる。「ダメ」の一言で悲しい顔になってしまう。

しかし、子どもたちは違う。彼らと普通に生活を共にすることにより、自然と受け入れるようになる。言葉がよくわからず聞きなおしていると、「～ちゃんね、こういっているんだよ」と通訳をしてくれる子が出てくる。大人にはわからない言葉を、他の子が教えてくれる。部屋から出て行こうとしているのを止めさせようとしていると、「もっとお外で遊びたいんだよ」と教えてくれる。子どもたちのやさしい心にはかなわない。「もっとゆっくりでいいんだよ。いろいろなことをやってみたいんだよ」と教師に教えてくれる。「そうだ、そのとおりだ。早くなくていいんだね。ゆっくりでいいんだね。皆と一緒じゃなくていいんだね。段々と、段々と」。あらためて幼い子どもたちに、そしてハンデをもった子どもたちに教えてもらった。共に生きるってそういうことなんだね。ハンデもその子の個性の一つ。とっても楽しい個性だよね。そう思えるようになってきたらその子のことがよく見えるようになってきた。そうしたらこちらの心も少しはやさしくなれたような気がする。

4　今がチャンス

最近、子どもたちの姿を見ていて気になることがある。「外で探検して遊ぼう」と誘うと、「疲れるからいやだ」と言い、「ツリーハウスに登ろう」と言うと、「面倒くさい」「危ないからできない」と言い、やろうとしない。もちろん無理にやらせるつもりはないが、本来ならワクワクドキドキしながら、自分の未知の力への挑戦や冒険などに興味を持っているのが、子どもの姿だと思っている。

幼稚園に男子の大学生が教育実習にきた時のことである。年長のA男が、木工室の電動糸ノコで作ったブーメランをグラウンドで飛ばしていたら、フェンス外のヤブの中に落ちてしまった。大きな石垣の崖があり、A男が慌てて取りに行こうとすると、実習生が「危ないからダメ。あきらめよう」と止めてしまったのである。A男はその言葉に納得いかず泣き出した。そこで実習生に「今がチャンスなんだよ」といって、A男に「さあ、ブーメラン探しの探検に行ってこよう」というと、A男の周りにいた他の子たちも目をキラキラさせてブーメラン探しの探検がはじまった。

木工室では、カナヅチやノコギリはもちろん、電動糸ノコや電動ドリルも子どもたちは使っている。使い方の約束さえきちんと守れば、これほど安全で楽しいものはない。子どもたちはこれでパズルや剣、ブーメランを器用に切り抜く。馴れた子は硬い板でも線のとおりに上手に切り抜くことができる。大人顔負けである。

家庭ではお母さんが料理しているところへ子どもがきて、「私も包丁で切りたい」と言ってきたらどうするだろうか。「危ないからダメ」と一言で終わらせるのか、それとも使い方を教えて、ドキドキしながら見守るのか。

ある園では、雨が降った後の園庭で遊ぶと汚れるから外へ出さないということを聞いた。私はその逆だと思う。雨の後の園庭ほど、子どもたちにとって楽しい場所はない。子どもたちは水溜りで遊び、ぬれた木々の葉や花を見る。そこには雨粒のしずくでキラキラした世界が広がっている。雨上がりのすがすがしい空気に触れることができる。もちろん、その後の着替えが大変だけど。子どもたちは素足にビニール袋を履き、ぬれた靴を履いて得意げに家へ帰っていく。

「危ない」や「汚れる」の一言で、これらの行為を止めてしまったら、子どもたちの「やってみたい」という意欲を奪ってしまうことにはならないだろうか。子どもが「やってみたい」と言ってきた時がチャンスなのである。しかし、多くの子どもたちがそのチャンスをつぶされ、無気力になっているように思う。大人のかかわり方をもう一度見なおしたい。

5　冒険キャンプでたくましく

先日、年長児による一泊二日のキャンプが行なわれた。最初に裏の竹やぶから竹を切りだし、お皿とコップを作ることからキャンプがはじまる。のこぎりで竹を切りナタで半分に割りナイフで削りなめらかな器を作る。これが二日間の自分だけの食器になる。その後、自分よりも大きな荷物を抱えて幼稚園の遊びの森キャンプ場へ移動。グループごとにテントを設営したり部屋の掃除をしたり。その後は皆でドラム缶風呂の用意。キャンプ場には水道がないため大型タンクからバケツに水を入れ、ドラム缶までバケツリレー。何回も往復してやっと半分ほどためる。水量はこれで十分である。森の中から細い枝を集め、マッチで火をつける。何回も何回も繰り返しやっとついた。他のグループは食事の用意。薪集めからはじまり、かまどに火をつける。キャンプ定番のカレーだが、作るのは子どもたちと教師だけ。薪でカレーを作り、ご飯を炊く。自分が作った竹の器に盛り付けて食べるカレーは格別だ。水道がないので水の使用には気を使う。「そんな出しちゃあ、もったいないよ～」、子どもの口から注意が飛ぶ。

翌日は近くの沼でカヌーを浮かべて遊ぶ。もちろん足がつかない深い沼だ。全員がライフジャケットを着用し、こわごわとカヌーに乗り込む。余裕が出てくると水面に手をつけて楽しみはじめる。そのうち何人かの子が沼に飛び込んで泳ぎはじめた。最初、恐がっていた子もライフジャケットの浮力に安心し、自由自在に泳ぎ始める。もちろん園長の私もウエットスーツにフィンを履いて沼に入った。私が子どものころ、川で泳いだ経験はあるが、沼で泳いだことはなかった。他では絶対にできない非日常的な経験である。

自分たちで作り自分たちで片付け、自分たちで考えるキャンプ。この二日間だけでも子どもたちのさまざまな姿が見えた。普段親に甘えたり、積極的に遊べない子が、自分の仕事を把握し一生懸命取り組んでいた。夜になるとさみしくなり泣いてしまい、夜中に何度も起き上がっていた子も、昼間は思いっきり楽しんだ。最後には「あと一回ぐらい泊まりたいな～」といいながら、満足そうに真っ黒な顔で母親の元に帰っていったのが、とても印象的だった。

大人から指示されて行動するのではなく、子どもたちが自分で考え、自分で工夫し、取り組もうとしたとき、今まで見られなかった一面を見せてくれる。目をキラキラさせて生き生きとしてくる。そんなたくましい子どもたちの姿がやけに大きく見えたのは私だけだったろうか。

6　のんびり冒険キャンプ

八月三日から七日まで、木の実幼稚園卒園生を中心とした小学一年生から中学二年までの参加者により、キャンプが行なわれた。このキャンプはなるべくプログラムを作らないで、子どもたちが自分で考え自分で行動するキャンプである。食器やお皿も竹で作り、使う道具は自分のナイフ。食材もナイフで切り分ける。子どもたちは、生活としてのナイフの使い方を覚える。水は一日にペットボトル一本の中で生活する。おのずと水に対する意識が変わってくる。手洗いから飲み水、食器洗いまでペットボトルの水を使う。少しの水で顔を洗ったり、手を洗ったり、慎重に水を使う。竹の食器洗いに洗剤は使わない。自然への配慮も忘れない。グループごとの活動は、食事作りと移動の時だけ。あとはすべて自由。どこで寝てもよいし、遊ぶのも自由。就寝時間もあえて設定しない。子どもたちは夜中の一時過ぎまで森の中で遊んでいる。でも朝は起床時間が七時。あくまでも自分の責任において寝る時間を決める。

そんなキャンプが、最近は過酷なキャンプといわれ、参加者も減少している。何が過酷なのだろう。子どもたちにとって、〝自由〟ということは大変なことを引き受けることである。大人の管理下で指示をされ、そのように動けば楽であるが、「自分で考えて」ということはなかなか苦手なようである。さらに水の問題がある。家庭では蛇口をひねれば簡単に水が出る。冷蔵庫を開ければジュースが簡単に飲める。自分で遊びを考えなくても、ゲームやテレビがある。夏の暑い日にはエアコンが効いている。大変なことがあれば親がすぐに助けてくれる。そんな生活に慣れた子どもたちにとって、このキャンプは過酷に感じるのかも知れない。そんな中で大人をはじめ子どもたちが失っているものは沢山ある。自ら生活することの大切さと楽しさ。お互いの協力や信頼関係。自ら物を作り出すという充実感。水のありがたさ。食事をするということの大変さ。工夫することの大切さ。考えることの大切さ。こんなことを考えるひまもないほど便利な社会。ますます「生きる力」が失われていく。

このキャンプは決して過酷ではない。人間らしさを取り戻せるキャンプと考えている。足のつかない沼でカヌーをこぎ、沼に飛び込み泳ぐ。道のない山に登り汗をかいて、冷たい川の水をおいしそうに飲む。パンや魚を焚き火で焼いて食べているとき、人間らしい素直な表情になる。生き生きとしたたくましい子どもになる。

7 責任ある遊び

今の子どもたちは、大人から指示されたことについてはよくできるが、自分で考えて行動することは苦手なようだ。なぜだろう。幼いときから大人の指示の元にいる心地よさになれてしまい、自ら選び考えることに労力を使わなくなっている。大人の思いと違う行動をとれば怒られるし、大人の言うとおりにして、「いい子」でいられればこれほど心地よいことはない。家庭の中では、「早くしなさい」「だめじゃない」「何やってんの」と、たくさんの怒鳴り声が響き渡る。子どもたちは耳をふさぎ、いい子を演じる。園や学校へ行けば、「皆と同じことをやっていればいい子」「皆と違うことをやったら困った子」と言われ、学校が終われば塾の先生から勉強を教えてもらい一日が終わる。

大人の指示に慣れて、自分から考えることに大変さをおぼえる。この過程でみずから考え、みずから行動する時間をどれだけ持つことができるのか。周囲の影響を受けながら成長し不安定な思春期を迎えるころ、今までの自分は何だったのか、とふと気づき、時には爆発し、時には引きこもってしまう。

園庭の真中に大きなイチョウの木がある。その四メートルほど上を見上げると、小さな家がある。子どもたちはツリーハウスと呼んで親しんでいる。登るのにロープ一本と途中からの縄梯子だけ。子どもたちは登りたい一心で挑戦し、登り方を工夫してやっと登れるようになる。登ることができずに指をくわえてみている子もいる。これも大切なことだ。登りたいから何度も挑戦し、自分の意思で頑張っている園児の姿に感動する。やがて登れた時の自慢そうな顔。

幼児期に大切なのは「遊び」であることに間違いない。遊びの本来の姿は与えられるものでなくて、みずからの責任において創り出すものであると思っている。子どもたちは自らの遊びに熱中してケガをしたとき、擦り傷やちょっとしたケガでは決して泣かない。自分の責任において遊んでいるからである。手当てをすると、また同じ遊びに戻っていくたくましさがある。大人の指示やゲームなどで遊んでいるときは責任感を感じないが、自ら選び取り組もうとする遊びには責任と労力がともなってくる。子どもたちがその違いを遊びの中で感じてもらえたら幸いである。

8 「遊びの森」の力

先日、「遊びの森」で探検ハイクというイベントを行なった。家族連れなどの参加者が二五〇名集まり，春の一日を楽しんでいった。冒険的なゲーム遊びをたくさん取り入れ、子どもから大人までが普段体験できないことに挑戦した。棚田をのんびり歩き俳句を詠んだ後、森の中に入り草笛を吹いたり、高い木からわらの上に飛び降りるストロージャンプで、勇気をだして飛び降りたり、高さ七メートルほどの高さまで滑車で引っ張り上げ、木の上に置いてあるものを見たり、篠を切って弓と矢を作り、的をめがけて撃ったり、森の中でいろいろな遊びを体験した。

原っぱでは自分たちで採った山菜や野の草花などをその場で天ぷらに揚げ、春の味覚を楽しんだ。なかでも、タンポポの花の天ぷらは癖がなく人気があった。ヨモギは癖のある香りが強いが、天ぷらにすると絶品である。なかには知らずに毒草を持ってくる人もいた。普段何気なく見過ごしている身近な草花について学ぶことができた。家庭では野菜などは洗って料理するが、ここでは摘み取った草を洗わず、そのまま天ぷらに揚げるのである。しかし、気にする人は誰もいない。普段野菜をあまり食べないだろうと思われる子どもも、タンポポやヨモギ、セリや山うどの葉っぱなどをむしゃむしゃ食べていた。自然の力は偉大である。

あるお母さんがこんなことを言っていた。「家ではいつも私が手を出してやってしまうので、子どもは自分から動こうとしないけど、ここへ来たらぜんぜん違います。自分からどんどん動いて遊んでいるんですね。

驚きました」「他のお母さんを見ていたら、子どもがやろうとしているのに手を出していた。あれが私の姿だったのかなと反省させられました」。子どもは、本来自分でやってみようという意欲を持っている。周囲の大人がそれを先取りしすぎると、子どもたちは「ああ、大人が全部やってくれるんだ。楽だな～」と思ってしまう。自分でやってみようという意欲を段々と忘れてしまう。

学校五日制がスタートし、土日のすごし方が問題になっている。地域の育成会などでは、子どもをどうやって遊ばせるか問題になっているようだ。子どもをどうやって遊ばせるか、どうしたら楽しませるか大人の観点から進めていくと、子どもたちの遊びの意欲を奪ってしまう。子どもは決してお客さんではない。大人の言いなりになる玩具でもない。子どもみずからが考え、遊ぼうとする力を持っている。われわれ大人はその力を認め信じる必要がある。「遊びの森」はそんなことができる場所だと思っている。

9　責任ある自由

学校で学級崩壊が問題になった時、幼稚園などの自由保育が原因だと言われたことがあった。厳密に言うと自由保育という保育形態はない。自由意思を大切にする哲学的な要素である。自由とはなにか、と辞書をみたとき、「自分の思いを十分に出し切ってふるまえること」とある。他からの強制ではなく自分の意思で責任を持って行なうこと」とある。社会生活の中で、自分の思いを十分に出すためには、相手の思いも受け入れなければならない。そうしなければ、必ず衝突が起きてしまう。相手の思いや、行動を受け入れることにより自分自身も自由に振舞える。また、「責任を持って」とあるが、自分の思い通りに行動をするためには、それなりの責任がともなってくる。「自分の好き勝手」「やりっぱなし」では社会生活が成り立たない。家庭の中においても同じである。遊んだら片付ける。片付けると気持ちよい。自分のことは自分で、ということを幼いころから習慣付けることは必要である。

幼稚園の「遊びの森」を冒険遊び場として開放し数年が経つ。広大な森の中で思いっきり遊ぶには危険もともなう。しかし、いちいち責任を気にして管理しようとしたら、「あれはやってはいけない。これもいけない」と公園のように禁止事項が多くなり、子どもたちが周囲を気にせず、思いっきり遊ぶことができなくなる。大人の指示にはよく従えるが、自分で考えて行動するということができない子どもになってしまう。だから冒険遊び場では、「自分の責任で自由に遊ぶ」ということが基本である。

幼稚園の保育でコーナー保育を取り入れている。遊びを選ぶのは園児たち。毎朝登園してくると、あらかじめ設定されている遊びのコーナーへいく。バスから降りると走って保育室へ向かう子も多い。「今日は～をするんだ」、と朝から目的意識を持って登園してくる。このことが自分の責任において遊ぶことの大切な要素である。自由とは決して放任（自分勝手）ではない。自分のことを考え、他人のことを考え、責任を持って自分を十分に発揮することが、自由の獲得につながる。幼児期からこのような経験を積み重ねていくことで、本当の自由の意味が見えてくるのではないだろうか。

（「群馬よみうり」折込「あみーご」九回連載　二〇〇二年三月～八月　群馬よみうり新聞社発行）

◉金子仁　略年譜

一九五八年（昭和三三）	金子裕・佑子の長男として群馬県前橋市粕川町室沢（旧群馬県勢多郡粕川村室沢）に生まれる。
一九六一年（昭和三六）	父・母が生家の敷地に設立した木の実幼稚園に入園。キリスト教保育を基盤として日々のお祈りを覚えつつ、ガキ大将になって自然の中を駆け巡っていた。
一九六四年（昭和三九）	勢多郡粕川村立（現前橋市立）月田小学校入学。ガキ大将的存在を発揮、野山を探検しつつ秘密基地を造って遊んでいた。この経験・心の原風景が現在の遊びの森の源になっている。この頃身長も目覚ましく伸び、水泳大会では自由形で県二位を獲得する。
一九七〇年（昭和四五）	新島学園附属中学校入学。親元を離れ寮生活をする。柔道部に所属し食欲旺盛になり柔道体型となる。
一九七三年（昭和四八）	新島学園高等学校入学。柔道に励む傍ら青春を謳歌する。

一九七五年（昭和五〇）	父金子裕永眠。
一九七七年（昭和五二）	三育学院カレッジ教育学科入学。
一九八〇年（昭和五五）	玉川大学文学部編入。
一九八三年（昭和五八）	株式会社ディーエー兄弟社勤務。
一九八四年（昭和五九）	学校法人一隅学園木の実幼稚園に就職。 男子教師ならではの木工コーナーやサッカー遊び、探検遊びを活発に取り入れた。
一九八七年（昭和六二）	木の実幼稚園教諭村田（旧姓）恵子と結婚。 父裕・母佑子の挙式場と同じ霊南坂教会で挙式。
一九八八年（昭和六三）	長女碧誕生。 旧粕川村柔道スポーツ少年団代表就任。 柔よく剛を制す教えと褒めて伸ばす指導に徹する。 旧粕川村体育協会理事兼柔道部長就任。
一九九一年（平成三）	長男礁誕生。 森のキャンプ場の基礎を造り始める。
一九九二年（平成四）	野外施設冒険あそび場申請、許可が下りる。
一九九五年（平成七）	プレイフォレストを始める。
一九九六年（平成八）	学校法人一隅学園木の実幼稚園園長就任。 学校法人一隅学園理事就任。
二〇〇一年（平成一三）	社団法人群馬県私立幼稚園協会理事就任。

二〇〇三年（平成一五）	学校法人スジャータ学園理事就任。
二〇〇四年（平成一六）	育英短期大学非常勤講師就任。
二〇〇五年（平成一七）	公益財団法人群馬県私学振興会評議員就任。
二〇〇八年（平成二〇）	学校法人新島学園評議員就任。
	学校法人一隅学園理事長就任。
二〇一〇年（平成二二）	育英短期大学准教授就任。
二〇一一年（平成二三）	前橋市私立幼稚園協会会長就任（平成二七年まで）。
二〇一三年（平成二五）	育英短期大学教授就任。
	群馬県総合表彰受賞。
二〇一六年（平成二八）	社会福祉法人明光園理事就任。
二〇一九年（令和元）	社団法人群馬県私立幼稚園認定こども園協会監事就任。
	学校法人一隅学園幼保連携型認定こども園木の実幼稚園新園舎完成。
二〇二三年（令和五）	一月一一日　永眠。
	一月一一日　瑞宝単光章受賞。

あとがき

まずお伝えしておきたいことは、本書は昨年（二〇二三年）一月一一日に急逝した木の実幼稚園園長金子仁が、それまでに書き溜めてきた様々な文章をひとつにまとめたものだということです。それらは媒体も目的も様々で、いろいろな視点から書かれておりました。それをわかりやすく三部に別けました。

第一部では、仁自身が自分の考えや幼稚園長としての実践を折々に心覚えのように書き溜めてきたものや、幼稚園の保護者に宛てたお便りなどをまとめたものが主な内容になっています。第二部では、育英短期大学で教授をしていた際の研究をまとめた論文や、求められて分担執筆した幼稚園教育・保育の教科書に載った文章をそのまま掲載しました。そこからとったものです。第三部は、『群馬よみうり』（読売新聞の販売店が発行している新聞、週刊）に「子育て」と称して連載していた全三一回分の記事や、その他のメディアに発表した文章をまとめたものです。

思い起こせば、一七、八年も前のことになりますが、「僕のやっていること、考えていることを折々に書いてきたが、それらをまとめて本にできたらいいなあ」と、夫が私につぶやいたことがあります。この言葉はその時から亡くなるまでずっと私の心の何処かにありました。

夫金子仁は、先にも記したように二〇二三（令和五）年一月一一日に急逝しました。私は、現実を受け入れられず、ただただ茫然自失、深い悲しみ、苦しみに襲われ、喪失感に苛まれる日々が続きました。月日は経っても私の体の中に空いた大きな空洞、哀しみ、寂しさ、辛さは癒えることがありませんでした。そんな状態で夫が遺した目の前にある木の実幼稚園の運営をどう繫いでいくか、崖っぷちに立たされたような状態で何とか今日まで来ました。多くの方々に支えられながら。

そんななか、半年が過ぎようとした頃、どうしても夫金子仁が歩んだ人生、遺してくれた多くの足跡をこのままにはできない、何とかその思いを受け継ぐために、夫がやってきたこと、考えてきたことを形にして残したいという思いに駆られました。そしてすぐさま夫が若かりし頃――それは幼稚園のすぐ上に計画されたゴルフ場について考える会の集まりがあった一九八〇年代の中ごろでしたが――、その「ゴルフ場問題を考える会」で夫が知り合った大学の先生（現筑波大学名誉教授・文芸評論家）の黒古一夫さんに連絡をとり、夫の書き遺したものを本にしたいがどんなものだろうかと相談しました。黒古さんは夫の遺した文章を読み、「感動しました。まとまった形で残すべきです。何かお手伝いできることがあれば、何なりとおっしゃってください」と言ってくださり、本書の刊行に至ったという次第です。

思えば、夫と共に過ごした三六年間、私は幼稚園の同僚として妻として、様々な思いや経験を共有してきました。金子仁は、それまで私が知るどんな幼稚園教諭とも違っていました。夫金子仁は、私が木の実幼稚園に就職した後の四年後の一九八四（昭和五九）年に木の実幼稚園に入り、当時園長であった母金子佑子の元で教師として働き始めたのですが、彼は男性教師として、幼稚園に新しい風をもたらしました。遊びのコーナーに木工を取り入れ、本物の金槌や釘を机上に置き、子どもたちが思い思いの作品を作れるようにしました。また、電動糸鋸も取り入れたりしました。これらを取り入れた意味は、危険に見える道具を回避するのではなく、どのような使い方で危険を回避できるのか、幼い頃から体験を通して知り、味わうことの大切さを示すためでありました。また、園庭の銀杏の大木にツリーハウスも造りました。まさにそれは現在まで続く木の実幼稚園のシンボルになっています。ロープ一本と縄梯子で登るため、幼児は簡単には登れません。足の力と腕の力が備わり、登りたいという欲求が高まった時、ようやく登れるようになります。教師は決して手伝わない、というルールを夫は作りました。何故なら子ども自身の力で登った時は、自分の力で降りてくることができますが、手伝ってしまうと降りてくることができないからです。まさにこのツリーハウスは園児たちに何にでも挑戦する意欲をかきたて、仁園長が常々言っていた「やってみたい」気持ちを誘発する存在そのものでありました。

そして森のキャンプ場、この場所は夫が幼い頃から日頃遊んだ場所、いわば夫の「心の原風景」であったのでしょう。私と結婚した当初から、夫はこの場所を子どもたちのために何かできたらという思いを募らせていました。

そんな思いでいた一九九一（平成三）年、その頃木の実幼稚園ではサッカー遊びが盛んだったのですが、ある日ボールが棚の外へ転がったことをきっかけに、ボール探しから探検遊びへと発展し、篠藪《しのやぶ》をかきわけながら遠くの山まで行くようになりました。その山こそ、夫の心の原風景の場所だったのです。

こうして、子どもたちの遊びの基地をこの山に造ろうと決心し、下草刈りから始めて、次第に共感する様々なメンバーが集ってくるようになり、夫は「子どもの遊びを考える会」を発足させました。夫が描いていたものがひとつずつ現実化されていったのです。

翌年の一九九二（平成四）年には、「遊びの森」が野外施設冒険あそび場として許可をいただき、翌一九九三（平成五）年四月、第一回探検ハイクを開催し、その後も多くの方々が参加しコロナ前まで「探検ハイク」は続けることができました。一九九五（平成七）年一一月には、「第一回　森のワークショップ」も開催し、遊びの会のメンバーがそれぞれの分野で様々な作品作りを楽しみました。

そしてこの森のキャンプ場は、年長児一泊キャンプはもちろんのこと、仁園長主催の卒園生キャンプが当初二泊三日から始まり、四泊五日の長期キャンプへと展開し、現在まで二〇年近く続くことになりました。またこのキャンプ場を、一般の方々や子どもたちへ解放の場として「プレイ・フォレスト（プレフォ）」（遊びの森）として位置付けもしました。当初は園長と共に二人のプレイリーダーから始まり、その後保護者であった群馬大学教授の先生により、群大生をプレイリーダーとして派遣していただき、月二回の「プレフォ」を継続させていきました。

このように様々な出会いや皆様のご協力により、子どもたちの夢や希望になり得る土台を築いて

いくことができました。何よりも夫自身がこの森や自然の中に身をゆだねることこそ心が解き放たれる時間であると自覚しており、自然（森）に対して畏敬の念を持ち、そこから生きることの意味を感じ取れる時間であったことだったようです。

このような夫の幼稚園教育の実践も多くの人の知るところとなり、育英短期大学で「環境」の授業を受け持つようになりました。この育英短期大学での〝保育教諭の卵〟である学生相手の授業に、夫は毎回嬉しそうに取り組み、そのことを大いなる喜びとしていました。そのことでは、育英短期大学の関係者の皆様には心から感謝しております。何処にいても夫の笑顔、醸し出される雰囲気から か、育英短期大学では「くまさん先生」「くま園長」と親しまれていたようです。

「子どもの言うこととすることに、意味のないものは一つもない」の言葉を大切にし、子どもたちのありのままの姿を認め、あるがままに受け入れる姿、子どもたちから「えんちょう」と呼ばれ、いつの間にかガキ大将のように子どもたちの中で戯れている姿、聖書の中に「幼子らを来るままにしなさい。私のところに来るのを止めてはならない。天国はこのような者の国である」と記してあります。まさに仁園長の姿を思い浮かばせる聖句です。

また、宗教改革者として名高いマルティン・ルターの「たとえ明日世界が滅亡しようとも、今日私はリンゴの木を植える」の言葉のように、ずっとずっと少しもぶれることなく幼児教育に邁進し、自然と関わり実践を貫き通した夫を私は誇りに思っています。

最後に、木の実幼稚園を選んで下さった全保護者の方々と卒園児、現園児の方々、歴代の理事、評議委員の方々、そして多くの地域の方々、自然教育の実践の場を提供して下さった育英短期大学様、先生方、学生のお一人お一人、群馬県私立幼稚園認定こども園協会様、私学振興会様、多くの携わった園長先生方や諸々の方々に、心より敬意を表します。

そして、「遊びの森」キャンプ場を愛し共にこれまで協力、応援して下さり、今現在もプレイフォレストを引き継いでくれているすべての方々、仁園長を慕い、「やってみたい」に挑戦し、生きることの意味を教えてくれた子どもたち一人一人に「ありがとう」の言葉を贈りたいと思います。

私が夫の遺志を継いで本の出版に同意して下さり、丁寧なご指導ご助言をして下さった黒古一夫さん、出版のために様々なご苦労をして下さったアーツアンドクラフツの小島雄社長、推薦文を書いて下さった卒園者で作家の阿部智里氏に心より感謝申し上げます。

これから先も夫の描く心の原風景がずっとずっと色褪せることのないように、と願って。

金子恵子
（木の実幼稚園園長）

二〇二三年一月一一日、私は人生最大の衝撃とともに悲しみの底に落ちました。父の存在は私たちにとってあまりにも大きすぎました。

木の実幼稚園の園長である父と一緒に仕事を始めることになる二〇一七年まで、私は別の職に就き、幼稚園に入ることを考えてはいませんでした。しかしある日、祖父母の代から幼稚園経営を続けてきた実家のことを思い、それまでしていた仕事を辞め幼稚園に入る決断をしました。そして、幼稚園に入り父と仕事をともにすることになり、父の偉大さに気付きました。子どもとの関わり、保育に対しての考え方、全てにおいて私には到底できそうもないことをやっていました。

そして、父がいなくなってからさらに存在の大きさを思い知ります。父と仕事をともにした約六年間、背中を見ながら仕事について保育について学んできましたが、今では全然足りていなかったと思いました。まだまだ教えてもらわないといけないことが山ほどありました。しかし、父はあまりにも急にいなくなりました。いなくなってからしばらくは何をしていいのか、これからどうしたらいいのか全くわかりませんでした。そんな時、ふと以前父が私に「本を作ろうと思って書いていたものがあるんだ」と言ったことを思い出しました。そのことを母と話し、その書いていたものを探す作業に入りました。探していると父のパソコンの中からたくさん、それまで父が書いていたものが見つかりました。新聞で連載していた時の記事、育英短期大学での研究や授業の資料、幼稚園で保護者に宛てたお便り、等々、様々なものが見つかりました。それをひとつずつ読み進めていると、まさに父が考えていたことがわかるような気がしてきました。これは家族だけに遺しておくのではもったいないのではないか、父が本を作ろうと思ったように、より多くの人に知ってもらったほうがいいのではないか、という思いを強く持つようになりました。

この本は、父が今まで書き溜めたばらばらにちらばった物をひとつにまとめたものです。そのため内容は時系列もばらばらで読みにくいと感じた人もいるかと思います。ですが、この本は金子仁そのものです。ある日突然いなくなってしまった父はこんなにも多くの言葉（実践）を遺してくれていました。今思えば一緒に働いていた六年間、直接言葉で父の保育に対する考えを教えてもらうことはほとんどありませんでした。しかし、この本が出来上がった今、父はこのような形で、残された私が自ら学ぼうとすることを待っていたのかなとも思います。

この本を手に取って初めて金子仁について知った方もいると思います。保育について、また子育てについてこんな考え方を持った人がいたんだ、と思い感じていただけたら嬉しく思います。こんなことをまだまだ未熟な息子の私が言うのは厚かましいかもしれませんが、今まで父と関わってくれた人たちに、「この本を読めば、いつでも父に会えますよ」と言いたいです。この本ができたことで父の思いは受け継いで行けます。父はこんなにもたくさんのことを遺してくれました。これから先、父の思いを大切にして木の実幼稚園を守っていきたいと思います。

金子　礁
（木の実幼稚園副園長）

金子《かねこ》 仁《ひとし》 文集《ぶんしゅう》
木の実幼稚園が育むもの

2024年3月27日　第1版第1刷発行

著　者◆金子《かねこ》　仁《ひとし》
発行人◆小島　雄
発行所◆有限会社アーツアンドクラフツ
東京都千代田区神田神保町2-7-17
〒101-0051
TEL. 03-6272-5207　FAX. 03-6272-5208
http://www.webarts.co.jp/
印刷　シナノ書籍印刷株式会社

落丁・乱丁本はお取り替えいたします。
ISBN978-4-908028-94-6　C0037